優渥叢書

77張圖看懂 飆股「趨勢線」 買在低點賺3倍！

學美國投資大師如何用「道氏理論」，
搭上特斯拉、AI、超導體⋯⋯未來大漲的股票！

【初階入門版】

100 億資金經理人 楊金◎著

CONTENTS

第 4 章

【案例圖解】牛市、熊市都有規則可循？用經典案例告訴你

【多空方向】道氏理論結合均線，抓住個股的「最佳買賣點」

第 6 章

【算價訊號】道氏理論結合 MACD，波段交易必學的指標！

前言

每天 5 分鐘學會道氏理論，
抓緊飆股的買賣訊號

在股票市場中，投資人最關注的是什麼？是行業的前景、企業的基本面，還是股價上下不定的短線波動？其實都不是，投資人最關注的是帳戶的資金增減情況。如果你有一定的炒股經驗，很可能會出以下情況：帳戶就只有那幾檔股票，幾乎不操作，帳面資金一直在縮水。或者，一年多沒看帳戶，沒想到股票的價格漲了這麼多！

為什麼會出現這種情形，股票不應該是價格漲了就賣、跌了就買嗎？如果我們長期不看帳戶、不關注個股價格的走勢，怎麼實現獲利呢？其實，這就涉及了股市交易中最為核心的理念──趨勢。

❖ 掌握趨勢交易的精髓，不用盯盤也能大賺波段

小張是一位頻繁操作、喜歡短線交易的活躍型投資人；小李是一位很少操作、買入後就不關心帳戶的不活躍型投資人。多年不見的小張和小李再次碰面，並聊起了股票。

　　小張說最近市場行情不好，賠多賺少、都在白忙，還規勸小李要控制好倉位、注意風險。小李聽了一頭霧水，雖然他很少關注股市行情，但前些天看了帳戶，發現這幾年一直持有的績優股獲利已經翻倍，還感歎自己買少了。

　　其實，造成這種差別的原因，在於兩個人的交易方法、交易理念完全不同。小張關注短線機會、喜歡博取波段利潤，帳戶資金也是大起大落，但長期累積下來並沒有獲利。要不是因為他短線技術好、控制風險能力較強，很可能早就誤踩「地雷股」而虧損慘重了。有好幾次，小張都暗自慶倖自己賣得早，否則真的會把本金都賠光了。

　　小李則不同，他只是在前期股市處於明顯低點、市場人氣低迷的時候買入兩三支業績優秀、行業前景看好、財報穩健的股票。由於低迷的股市人氣，此類個股的估值狀態較低，此後便沒再關注。兩種截然不同的交易風格，一個「勤快」、頻繁買賣；一個「懶惰」、幾乎不操作。

　　如果僅從這個交易特性來說，「勤快」的投資人，似乎應該取得更理想的交易成績。但實際情況卻並非如此，看似懶惰的投資人，因為掌握趨勢交易的精髓從而輕鬆獲利；而看似勤快的投資人，因為忽略趨勢而只能被市場懲罰。

❖ 簡單好上手，學技術分析的第一堂課

　　什麼是趨勢？有一定經驗的投資人都知道，它是市場運行的大方向。趨勢說來簡單，但真正能夠透過趨勢獲利的投資人，實際上少之又少。一方面是源於大部分投資人，對趨勢只有模糊的概念，並不瞭解其具體的運行規律，也沒能建立起順應趨勢的交易理念。

另一方面是因為對趨勢交易的核心理論、實戰用法，沒能形成完備的知識體系。

　　無論是從知識架構還是實戰結果來看，看懂趨勢、順應趨勢、掌握趨勢是每一位投資人應知、必知的。那麼，對於趨勢，我們該如何著手呢？道氏理論無疑是最好的切入點。

　　道氏理論（Dow Theory）首開技術分析的先河，且最早提出股市的趨勢運行規律。趨勢是技術分析領域中所研究的對象，在道氏理論中，可以看到其對趨勢完整、系統的論述。雖然價格的短期波動，可能會受到各種偶然因素的影響，但其整體趨勢卻是有章可循的，這就是股市中的趨勢運行規律。

　　投資人要想更瞭解股票市場的運行、參與個股買賣，就一定要理解趨勢的運行規律。這就要由道氏理論為切入點，以其中關於趨勢等方面的內容為基礎，再結合經典的技術分析方法。如此不僅能加深對技術分析的理解，還能系統地掌握並運用股票交易的方法，學會在不同的時間點進行相應的操作。

第 *1* 章

【入門】想進入股市的你，
得先瞭解這些基礎知識……

道氏理論是集合 3 個人的研究成果

　　道氏理論出現已有百餘年，金融市場風雲變幻，投資人的思維方式也不斷革新，現在我們所接觸的道氏理論，也經歷不斷完善和發展。道氏理論改變了人們對金融市場的認知，將其上升到一個新高度。「知史明智」是追本溯源的學習方法，讓我們更接近理論本身。想對道氏理論有深刻的理解，從理論的誕生過程與時代背景著手，無疑是一個最好的切入點，也是本章的主要內容。

　　道氏理論的產生有其特定的時代背景，它是個人智慧的結晶，也是集體努力的結果。我們現在所說的道氏理論——技術分析的鼻祖，雖然是一門結構較為完善、核心思想較為確定的技術理論，但它在誕生之初並不是這樣的。本節中，我們就結合查理斯·道的經歷，來看看道氏理論的形成與發展。

1.1.1　創始人查理斯·道簡介

　　查理斯·亨利·道（Charles Henry Dow，1851 ～ 1902）出生於美國康乃狄克州，是道氏理論、道瓊指數的創始人和奠基人，也是《華爾街日報》的創始人和首位編輯。

關於查理斯・道的生平介紹較為少見，據記載，他年輕時曾經在股票交易所大廳工作過一段時間，後來進入記者行業，主要從事金融方面的新聞報導與研究。他在證券、金融領域的工作經歷，為日後的理論發展，積累了很好的實踐經驗。

1882 年，查理斯・道與另一位年輕的記者愛德華・瓊斯（Edward Jones）創立道瓊公司。之後，查理斯・柏格斯特萊斯（Charles Bergstresser）在公司成立 3 個月後加入。最初，他們在位於紐約證券交易所附近的地下室，手工編寫名為「客戶晚函」的金融佈告，經由市內快遞送到華爾街的每一位訂閱者手中。

1883 年，道瓊公司開始發行《客戶晚函》。1884 年，查理斯・道創立的股票市場平均指數——「道瓊工業指數」在《客戶晚函》中首度出現，該指數誕生時只包含 11 種股票，其中有 9 家公司是鐵路公司。直到 1897 年，原始的股票指數才衍生為二：一個是工業股票價格指數，由 12 種股票組成；另一個是鐵路股票價格指數。道瓊指數的創建，對於道氏理論的形成有重要意義，因為道氏理論就是一種關於市場運行的理論，而道瓊指數正是反映市場運行的重要指標。

1889 年隨著業務發展，道瓊公司的職員增加到 50 位，於是決定由原來的小規模經營改為報紙出版，並將該報取名為「華爾街日報」。就這樣，《華爾街日報》於 1889 年 7 月 8 日問世。

在查理斯・道所生活的年代，雖然美國華爾街已經有股票市場，但是專業從事股票交易的人並不多。查理斯・道則全心投入分析、研究股市，觀察股價漲跌及市場變化，並分析股價漲跌的內因、探索不同的交易模式。隨著創辦報紙及深入瞭解金融市場，他對證券市場運行形成較獨特的見解，並發表一系列有關投資方法與原理的文章和社論。

這些文章主要發表於1900～1902年，這構成道氏理論的雛形，這段時間也是查理斯・道生前為廣大投資人做最後一份貢獻的時期。在此期間，曾經有人勸他將其見解寫成書，但寫書一事沒有結果。1902年查理斯・道與世長辭，留下了許多社論與文章，卻未能來得及整理與歸納。

1.1.2 由這兩人改進，並用於預測市場

查理斯・道的全部作品都發表在《華爾街日報》上。他去世後，《華爾街日報》的記者依據其發表的文章、論述等，將其見解編著成書，其內容主要包括「科學的投資活動」「讀懂市場的方法」「交易的方法」以及「市場的總體趨勢」，從而使道氏理論正式定名。

威廉姆・皮特・漢密爾頓（William Peter Hamilton）在1903年接替道氏，擔任《華爾街日報》的編輯，他繼續闡明與改進道氏的觀念，並於1922年出版《股票市場晴雨表》一書。書中集中論述道氏理論的精華，並使道氏理論具備較詳細的內容與正式結構。

漢密爾頓對於道氏理論推廣，有不可替代的作用。1900至1902年，道氏雖然在《華爾街日報》發表一系列以股市投資為題的觀察性文章，但卻從未試圖對理論進行條理化定義。

此後，漢密爾頓以道氏的這些文章為基礎，從實際應用的角度來使用道氏的這些觀察方法，對股票價格運動進行預測，從而使這些方法成為人們判斷股市未來走向的指南。畢竟投資人之所以關注這些所謂的理論與文章，歸根究底還是希望得到股市走向的指導性建議。正是漢密爾頓採取了實際應用的態度，才使更多人瞭解、熟識道氏的思想。

就文章數量來說，漢密爾頓的文章數量遠多於道氏；就文章的

實用性來說，道氏只是發表了一些觀察性的文章，並沒有將其運用於預測股票價格中，漢密爾頓則在這方面做了努力和嘗試。

羅伯特‧雷亞（Robert Rhea）是漢密爾頓與道氏的崇拜者，他利用兩個人的理論預測股價，獲得不錯的收益。雷亞將成交量的觀念納入道氏理論，使價格預測又增加一項根據，並於 1932 年出版《道氏理論》一書。雷亞在著述中強調，「道氏理論」在設計上，是一種提升投資人知識的配備或工具，並不是可以脫離經濟基本條件與市場現狀的全方位嚴格技術理論。

因此，今日我們所接觸的道氏理論，是 3 個人研究成果總結。道氏理論在 20 世紀 30 年代達到巔峰，當時《華爾街日報》以道氏理論為依據來撰寫每日股市評論。1929 年 10 月 23 日，《華爾街日報》刊登《浪潮轉向》一文。該文章指出「多頭市場」已經結束，「空頭市場」的時代來臨，這篇文章正是以道氏理論為基礎提出預測。此預測提出之後，隨後果然發生可怕的股市崩盤，於是道氏理論名噪一時。

 1.2 道氏理論首先提出「市場」的概念

在道氏生活的年代，股票市場中交易的數量相對較少，人們對股票的認識只停留於個股層面，並沒有形成真正的市場概念，認為股價的漲跌只與企業、消息等因素有關。道氏理論的誕生改變了這種傳統認識，由此，**它也提出近代金融市場的一條基本共識：個股的價格走勢，在一定程度上會受到市場整體影響。**

1.2.1 個股價格會受到市場影響

當股票數量較少時，對於這些股票所構成的整體，投資人很難意識到它們之間的關聯。在查理斯‧道所處的年代，人們普遍認為一檔股票的價格漲跌，與其他股票沒有關聯，即個股的價格走勢具有獨立性。

之所以有這種觀點，一方面是源於當時的股票數量相對有限，企業所屬的行業不同，它們的價格走勢確實具有一定的獨立性；另一方面是源於股票市場不夠成熟，一些個股價格的大漲大跌，有著極大的不確定性。

　　這種觀點在大多時候能解釋股價波動，比如某企業獲得大額訂單、業績預增、管理層改革，通常我們會看到其股價上漲，這種上漲對其他股票不會有影響。反之，當企業的經營較差、利潤下滑，或是有其他利空消息時，通常我們會看到其股價下跌，這種下跌同樣不影響其他股票。

　　在經濟平穩、股價漲跌錯落有致的時候，這種觀點很容易解釋，對於預測股價走向也很有幫助。但是，它也有失靈的時候，例如在失業率上升、經濟低迷的時候，一些企業雖然能夠逆週期提升業績，但它們的股價似乎並沒有上漲，反而下跌。當然，現在幾千檔股票構成的市場中，這種情況很好歸納，也容易引起專業人士的進一步分析，繼而提出一種新的理論。

　　但當時，基於多年證券從業經驗及對市場的瞭解，查理斯・道敏銳地意識到事情並沒有這麼簡單，股票價格走勢並不單單取決於企業自身情況。從大方面來講，它受到經濟週期、行業景氣的影響；從小方面來講，會受同行業其他股票價格走勢的影響。正是這樣一種全域性思想的萌發，使查理斯・道撰寫大量關於市場運行的文章，從而形成「市場」的思想。

　　市場這個概念對於今日的投資人來說，是一個再正常、再普通不過的概念，去理解個股價格走勢時，都不會脫離市場這個整體。但在查理斯・道的時代卻並非如此，可以說，市場這個概念雖然不是他提出的，但他卻是使這個概念真正用於解釋股價運行的開創性人物。

1.2.2　把眼光放在市場系統的層面

當我們把眼光放到市場這個系統，而不是個股上時，提出的問題和研究的方法也將有所不同。包括股票市場在內的任何一種市場，比如房地產市場、債券市場、期貨市場、大宗商品市場等等，它們都會受到資金驅動的影響。即當更多資金湧入某個市場時，這個市場中可交易商品的數量，會呈現整體性上漲的態勢；反之，當大量的資金離開這個市場時，可交易商品的數量會呈現整體性下跌的態勢。

理解了市場的這個特性，就會對市場的整體性、大幅度波動有更深入的理解。如果把宏觀經濟看作股票市場的基本面因素，當基本面因素與市場波動方向明顯偏離時，若能從資金驅動的角度來理解、掌握市場運行，將更為有效。

1.2.3　以資金的流入 vs. 流出來分析行情

資金驅動是一種籠統的說法。在股票市場中，我們一般用資金流向（Money Flow）這個指標，來衡量資金的驅動方向。資金流向具體可以分為資金流入與流出，它展現了市場資金的進出情況，既可以用於衡量整體市場，也可以用於分析個股或板塊。

資金流入是指：如果個股或板塊在某一分鐘處於上漲狀態（這一分鐘的股價或指數點位高於前一分鐘），我們認為這一分鐘的個股或板塊，是處於主動性買入狀態下的，並將這一分鐘的成交額計入資金流入中。

資金流出是指：如果個股或板塊在某一分鐘處於下跌狀態（這一分鐘的股價或指數點位低於前一分鐘），我們認為這一分鐘的個

股或板塊，是處於主動性賣出狀態下的，並將這一分鐘的成交額計入資金流出中。

每分鐘計算一次，全天交易結束後，我們再對全天的資金流入與流出分別加總統計，並計算它們的差額，這一差額就是資金流入量（數值為正時）或資金流出量（數值為負時）。

大盤指數即時反映股票市場的漲跌情況。從資金驅動的角度來看，當指數持續上行時，這是資金流入引起的；反之，當指數節節下行時，這是資金流出導致的。如果在相對較短的時間內資金流入力度較大，就會使市場漲幅較大、漲速較快。

從道瓊指數開始，學習指數相關概念

1.3

今日常我們談論股市時，如果不提及道瓊指數，可能就像談論天氣時不提及溫度一樣的不可思議。這一方面，展現了道瓊指數在反映美國股市運行時的核心地位。

另一方面，基於全球經濟一體化的快速發展，也展現了作為全球經濟龍頭的美國的經濟影響力。在股票市場中，雖然交易的是單獨的股票，但卻不能忽略市場對個股的影響，且在道氏理論中，市場指數分析有著極為重要的地位。本節中，我們以道瓊指數的發展開始，來看看什麼是指數、重要的指數有哪些、指數如何分類、指數應如何解讀等問題。

1.3.1 美股代表性指數 ── 道瓊指數

道瓊工業平均指數（Dow Jones Industrial Average，DJIA，簡稱「道指」）被用於測量美國股票市場上工業構成的發展，是最悠久的美國股票市場指數之一。

道瓊指數至目前已 3 個世紀，是最古老的股票指數之一，它在1896 年 5 月 26 日被首次公佈，經由計算美國工業中最重要的 12 種

23

股票的平均數而得出。這是一種平均指數，首先需要加總所有成分股的價格，再除以股票的數目，當它被首次公佈時，指數是 40.94點。1916 年，道瓊工業指數中的股票數目增加到 20 種，最後在1928 年增加到 30 種，並一直保持著這個數量至今。

現在的道瓊股票價格平均指數，以 1928 年 10 月 1 日為基期，因為那天收盤時的道瓊股票價格平均指數恰好約為 100 美元，所以人們就將其定為基準日。到了 1972 年 11 月 14 日，平均指數首次超過 1000 點。

道瓊指數之所以一直能夠很好地反映美國股市，與其成分股的不斷調整有關。企業的誕生、成長有時間週期，當企業在經濟中的地位越來越弱、獲利能力越來越差，且不符合經濟發展方向時，個股就會被調出成分股，並被更具有代表性的企業所替代。迄今為止，首次公佈的 12 種成分股，均已不在指數成分股之內了。

1999 年 11 月 1 日，雪佛龍、美國固特異輪胎橡膠公司、西爾斯公司和美國聯合碳化物在道瓊工業指數中被剔除，新加入的是英特爾、微軟、家得寶和西南貝爾公司。英特爾和微軟成為首次從那斯達克調換到道瓊工業指數的兩家公司。2004 年 4 月 8 日，國際紙業、美國電話電報公司（AT&T）和伊士曼柯達公司，被輝瑞製藥、威瑞森電信和美國國際集團代替。

時至今日，平均指數包括美國 30 家最大、最知名的上市公司，如波音公司、英特爾、蘋果公司、可口可樂公司、聯合健康集團、寶僑公司、國際商業機器公司（IBM）、麥當勞、NIKE、沃爾瑪、微軟、輝瑞製藥有限公司等等。這些超大型企業既是美國藍籌股的代表，也是美國經濟的代表。成分股的變化也反映了經濟的發展和變化，美國經濟一直在變，如今消費、金融、保健與科技類股份的重要性日益明顯，而工業類股份相應轉弱。

通用電氣是最後一支被剔除道瓊指數的成分股。1892 年，愛迪生電燈公司和湯姆森・休斯頓電氣公司合併，成立通用電氣公司。在通用電氣公司的全盛期，其業務涵蓋電子工業、能源、運輸工業、航空航太、醫療與金融服務，服務據點遍佈世界 100 多個國家，曾是美國的標杆企業。然而通用電氣股價至 2018 年已跌至 10 美元左右，比 2000 年 8 月每股 60 美元的高點，下跌約 78%，曾經的輝煌不復存在。

1.3.2　道瓊指數的計算方式

作為有著悠久歷史的股票市場指數，道瓊指數的設計方法及計算方法，也是值得我們關注的。

1. 對於指數的設計方法，道瓊指數包含30 支成分股，每一檔股票的選擇都不是隨意的，它們都是各行業的代表，企業規模龐大。成分股要盡可能地代表本國當前經濟情況以及經濟發展趨向，這就要求證券交易所或相關的金融服務機構在選擇時，要兼顧多種行業。

一般來說，既要包括一些較為傳統的消費、製造型企業，也要包括代表科技發展方向的新興企業，如網路、晶片、生物製藥等類型的企業。正是基於這一要求，成分股會隨著經濟的發展、技術的進步而出現替換。

2. 對於成分股的調整來說，調進調出的時間點也較為關鍵。蘋果公司股票在 2015 年 3 月 19 日，取代美國電話電報公司（AT&T）股票，成為道瓊 30 種工業股票平均價格指數成分股。作為一支市值巨大、價格較高的股票，如果蘋果公司提前兩年被調整進 30 支

成分股裡面，則道瓊指數能多出 1000 點。

而一些曾經輝煌的成分股，在大跌之後會被調整出去，使其對指數的影響沒有那麼大。例如花旗銀行，股價最高時 55 美元，佔指數權重 3%，金融危機時最低跌到 1 美元，98% 的市值都沒有了。於是道瓊公司把它調整出指數，換上一家過得去的公司，即使後來花旗銀行繼續跌，對道瓊指數也沒有影響了。

正是成分股調整時的這種特點，容易讓道瓊指數出現超常規的增長，或者維持較高的水準。與同樣是反映股票市場的日經 225 種平均股價指數（簡稱日經 225 指數）相比，1989 年的道瓊指數在 2000 點左右，同期的日經 225 指數在 30000 點附近；至 2018 年，道瓊指數最高突破了 26000 點，累計漲幅近 13 倍，而此時的日經 225 指數只有 23000 多點，非但沒有上漲，反而下跌。兩種指數走勢上的巨大差距，並不能在宏觀經濟層面加以解釋，成分股的選擇可以說是兩者極端分化的一個關鍵因素。

美國選出 30 個全球頂尖的公司很容易，相對來說，日本則選不太出 225 個頂尖公司。道瓊指數是從最強陣營中選 30 檔股票出來，這些股票增長好就行了，其他股票就算跌到底了也無所謂。而日經 225 指數雖然也調整成分股，但很多企業往往是在企業生命週期的最後階段、累計跌幅極大的情況下，才被調出成分股，這類股票勢必會拖指數的後腿。如果日經指數也只選 30 個最強的公司，成分股也及時調整，指數雖然不會像道瓊指數表現那麼好，也不至於表現這麼差。

如果以 GDP 來衡量經濟發展，1989 年的美國 GDP 為 5.66 萬億美元，日本為 2.97 萬億美元。至 2018 年，美國 GDP 為 20.51 萬億美元，增長了 3.5 倍；日本為 5.07 萬億美元，增長了 1.7 倍。如

果說道瓊指數的巨大累計漲幅，反映了美國經濟的持續增長，那麼日經 225 指數，並沒有很完整地反映日本經濟的變化。

對於指數的計算方法來說，道瓊指數採用 30 支成分股價格的算術平均，而非市值的加權平均。因此股本小、股價高的股票，對指數的影響可能會比市值大的股票還大。如 IBM 股價 189 美元，佔指數權重高達 11%。而市值是它近兩倍的埃克森美孚，由於股本大，股價只有 80 美元，佔指數權重不到 5%。

1.3.3　可反映股價整體平均走勢

前面我們講解了道瓊指數的發展及特點，對指數這個概念也有大致的瞭解，但仍無法形成一個完整的認識。

什麼是指數呢？簡單來說，可以把它理解為反映某些股票價格整體平均走勢的一個指示性數字。當指數上漲時，我們可以認為這些股票價格大多處於上漲狀態；反之，當指數下跌時，則可以認為這些股票價格大多處於下跌狀態。

在證券市場中，對於指數這個概念可以這樣定義：指數也被稱為平均指數，是用來反映同一類股票價格或市場整體價格平均走勢情況的指標。

1.3.4　加權平均法更為科學

人們設計、創造指數的目的，就是希望借助它有效反映市場整體價格或某一局部（如某一行業、某一地域）價格的平均走勢情況。對於呈現股市全體個股價格平均走勢情況的指數，一般稱之為大盤指數；對於呈現某一行業、某一地域內全體個股價格平均走勢情況

的指數，稱之為板塊指數。

　　對於指數來說，可以從兩個方面來理解它：一是指數的樣本空間，即在實際計算指數時所涉及的個股；二是指數的計算方式。

　　指數的樣本空間既可以是指數所涵蓋的全體個股，也可以是指數涵蓋範圍內具有代表性的部分個股（這些個股可稱之為成分股）。這兩種方式所得出的指數，都能反映出相應市場範圍價格的平均運行情況。

　　證券交易所或相關金融服務機構，在以成分股的方式設計指數時，由於在計算時並不涉及指數對應的全體個股，因此，應保證所選樣本具有充分的代表性。一般來說，證券交易所或相關金融服務機構，要綜合考慮個股的市值、行業代表性等因素，以決定是否將其列入成分股。這種計算方法所得到的指數，往往被稱為「成分指數」。雖然成分指數的樣本空間較小，但由於所選個股具有明顯的代表性，因此可以說，成分指數仍不失為一種反映市場總體價格走勢的好方法。

　　指數的計算方式主要可以分為兩種：加權平均法和算術平均法。加權平均法既考慮個股的價格，也考慮個股的數量。加權平均法中的「權」，指個股的數量大小，數量越大，則「權」越重。在股價相同的情況下，這類權重股對指數的影響力更大。使用這種計算方法時，股市中的那些大型股，對指數的影響力更大。

　　而算術平均法就只考慮個股的價格，不考慮個股的數量。證券交易所或相關金融服務機構，將所有股票的價格進行簡單的相加後，再求平均數即可得出指數。

　　綜合來看，**加權平均法更加合理也較為科學，因此世界各地的股票市場，多是以這種計算方法來求得大盤指數。**

1.4 有風險的概念，讓投資更穩健安心

如果把股票交易比做遊戲，那它恐怕是這個世界上最具魔力的遊戲之一了。股票可以讓資金快速增長，同樣也可以讓資金快速縮水。

當我們仔細分析、挖掘了一支績優股，買入並打算長期持有時，個股價格卻因市場的持續調整而走勢疲軟，但企業的業績似乎仍在看好。或是當我們在一片火熱的市場氛圍中，買入一支看似蟄伏低位、仍未啟動的個股後，卻發現此股價格又因利空消息而破位下行，我們又應如何操作呢？股市的風險多種多樣，如果不好好去瞭解它，很可能會虧損慘重。

道氏理論打破了人們的思維框架，使投資人不再孤立地看待個股走勢，這是一種開創性的思想。基於這一思想，也引申出現代金融市場中一個重要命題，**即任何一檔股票所伴隨的總風險，都包括系統性風險與非系統性風險。**

瞭解金融市場中的這兩種風險至關重要：非系統性風險讓我們認識到即使市場風平浪靜，也不能疏於對個股的選擇；而系統性風險則提醒我們，即使個股再好，也不宜在市場明顯高估，或存在整體性風險時買入，買入的時機也是至關重要的。

1.4.1　系統性風險又稱為「市場風險」

系統性風險也可以稱為市場風險、大盤風險，系統性風險的誘因多發生在企業等經濟實體外部。企業等經濟實體作為市場參與者，能夠發揮一定作用，但由於受諸多因素的影響，其本身又無法被完全控制，其帶來的波動一般都比較大，有時也表現出一定的週期性。

系統性風險，在股票市場上的表現為大盤指數持續長久或快速深幅下跌，是一種個股下跌的市場格局。由於個股下跌，投資人即使分散地買入很多個股，以規避單支個股利空的消極影響，也無法抵擋系統性下跌帶來的風險。

系統性風險出現的原因多種多樣，如經濟低迷、貨幣政策改變、能源危機等，這些因素單個或綜合發生，導致所有證券商品價格都發生動盪。系統性風險斷裂層大、涉及面廣，人們根本無法事先採取針對性措施來規避或利用它，即使分散投資也絲毫不能降低其風險。

具體到股票市場上，系統性風險直接的表現為大量資金持續離場。由於股票市場是一個資金驅動市場，這就會導致賣盤壓力持續大於買盤，從而導致市場價格整體性下跌、平均估值下移。簡單來說，股票市場的系統性風險有 3 個特徵：

1. 它是由共同因素引起的。

2. 它對市場上所有的股票持有者都有影響，只不過某些股票的敏感程度高一些而已。

3. 它無法經由分散投資來消除。

1.4.2 非系統性風險又稱為「個股風險」

非系統性風險，也可以稱為個股風險，是指個股在相對平穩的市場環境下所出現的較大幅度獨立下跌走勢。這種獨立下跌走勢可能是行業利空引發的，也可能是個股消息面誘發的，如重組失敗、業績預減、債務危機、主力資金鏈斷裂、解禁股拋售、估值過高、停牌後的補跌等等。

個股風險，往往是由「黑天鵝事件」引發的。如 2018 年很多個股因巨額商譽減值而出現大幅度虧損，或是上市公司的債務危機被披露，從而導致股價走勢雪崩，而同期的市場整體價格走勢相對平穩，這就是典型的個股風險。

如果投資人的交易經驗較豐富、分析能力較強，一般來說較能規避這種非系統性風險。例如：投資人經常關注上市公司的財務報表、行業的週期變化、企業的技術水準及市場競爭力等因素。

但呈現在投資人面前的個股資訊往往較為淺顯，且市場也處於快速變化中。當前的好企業未必就是未來的好企業，如果投資人過於自信，全倉押注在一檔股票上，就有很大的運氣成分。

由於非系統性風險屬於個別風險，是由個別人、個別企業或個別行業等可控因素帶來的，因此投資人可經由投資的多樣化來化解非系統性風險。經由分散投資，非系統性風險可以被降低，而且如果分散是充分有效的，這種風險還可以被消除。

所謂的分散投資，即將資金分佈在多檔股票上，這些股票最好屬於不同行業、不同地區、具有不同屬性。我們觀察基金、機構投資人就會發現，他們一般都不會過於重倉持有某檔股票，其目的就是為規避個股風險。個股風險的案例比比皆是，在此我們就不舉例了。

1.4.3　經濟週期告訴你「選股不如選時」

　　股票市場是經濟變化的晴雨表，我們在分析市場的系統性風險時，有必要瞭解宏觀經濟運行情況。雖然股市的走向往往與宏觀經濟情況並不同步，但長期來看，股票市場的週期變化及運行趨勢，仍是由經濟的發展情況及經濟週期的循環所決定的。

　　如果宏觀經濟呈長期低迷的狀態，一般來說，股市的表現往往也不好。反之，當宏觀經濟持續看好時，則股票市場也多持續穩健地走高。關於宏觀經濟的運行情況，我們有必要首先瞭解一下它的週期運行規律。

　　經濟週期（Business Cycle）也稱經濟波動，是指經濟運行中，週期性出現的經濟擴張與經濟緊縮交替更迭、循環往復的現象。每一個經濟週期都可以分為上升和下降兩個階段，我們也可以將其細分為復甦、繁榮、衰退、蕭條 4 個階段，如圖 1-1 所示。

　　「選股不如選時」，當宏觀經濟週期處於上升階段時，這時的市場供應充足、需求旺盛、企業可以獲取穩定的利潤並可以進一步開拓市場空間，企業供給與市場需求處於一種良性互動的關係中。可以說，這一階段的外部環境較為理想，股市的上漲動力較足，此時投資人優選個股、積極佈局會有更高的成功率。

　　反之，當宏觀經濟即將步入下降階段（或者開始步入下降階段時），就有牽引股市下行的動力。這時的股市如果正處於高位，或是估值狀態較高，則易出現大幅下跌，對於股市整體來說，即出現系統性風險的機率較大。

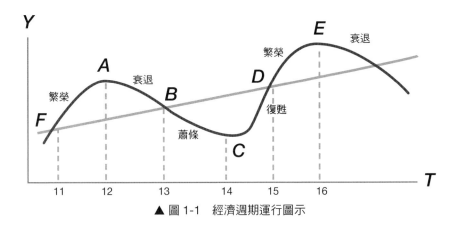

▲ 圖 1-1　經濟週期運行圖示

1.4.4　系統性風險經典案例

圖 1-2 為廣深鐵路 2017 年 11 月至 2019 年 1 月走勢圖，圖中疊加了同期的大盤指數。在圖中標注的時間段內，大盤指數與此股價格幾乎同步下行，跌幅跌速的節奏較為一致，這種下跌就是系統性風險引發的。

此時，很難經由分散佈局的方法來規避風險。如果我們查看同期其他個股價格走勢，就會發現：大多數個股的價格均處於同步下跌狀態，如果考慮到一些大盤藍籌股對指數的支撐性作用，則意味著中小盤類個股，在這種市場環境下的抗跌性會更差一些。

1.4.5　非系統性風險經典案例

如圖 1-3 為皇庭國際 2018 年 5 月至 12 月走勢圖，圖中疊加了同期的上證指數。如圖中標注，自 2018 年 10 月 12 日起，此股價格開始破位下行，中短期跌幅巨大，而同期的大盤指數卻呈橫向震

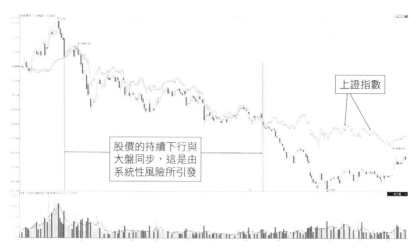

股價的持續下行與
大盤同步，這是由
系統性風險所引發

上證指數

▲ 圖 1-2 廣深鐵路 2017 年 11 月至 2019 年 1 月走勢圖

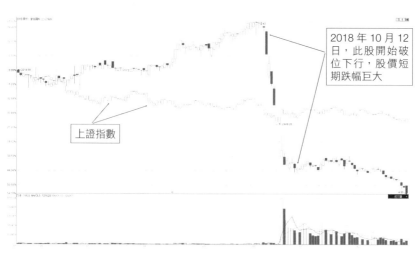

2018 年 10 月 12
日，此股開始破
位下行，股價短
期跌幅巨大

上證指數

▲ 圖 1-3 皇庭國際 2018 年 5 月至 12 月走勢圖

盪狀態，這就是典型的個股風險。

　　之所以會出現這種走勢，既是因為同期市場環境較弱、績差股紛紛下挫的市況；也是因為企業自身利空消息不斷、市場流動性不佳。在多重利空因素的共振下，個股價格一旦開始破位，往往就會引發大量資金出逃，從而造成股價的雪崩走勢。

第 2 章

【解說】從零開始學道氏理論，其理論核心就是「趨勢」

2.1 基本面 vs. 技術面分析法，有什麼不同？

　　道氏理論的核心為一系列基本原則，這些基本原則有序、全面、系統地論述股市趨勢運行規律。之後的很多其他技術分析理論，都是以趨勢規律為前提的。加上此理論淺顯易懂且不失深度，成為投資人進一步瞭解股市、透視股市本質的重要理論依據之一。

　　可以說，道氏理論不僅開創技術分析的先河，也為其指明方向。在道氏理論之後，一系列經典的技術理論、技術分析方法如雨後春筍般破土而出，為投資人開闢技術分析之路。

　　嚴格意義上來說，道氏理論是一種「技術面分析法」，除此之外，股市中還有一種「基本面分析法」。兩類方法完全不同，一個側重於市場行為，一個側重於企業價值，雖然沒有孰優孰劣之分，但從效率上來看，技術面分析法往往要更勝一籌。

　　為了進一步深入學習股市分析方法，我們要構築良好的知識結構，下面就來詳細地瞭解一下這兩類分析方法。

2.1.1　基本面分析──核心為「企業內在價值」

　　經濟學中有一條基本原理：「價格圍繞價值運行。」基本面分析法正是以此為基礎，經由對宏觀經濟、行業前景、企業價值等這些決定著股票內在價值的基本因素來進行分析，以此來衡量股票的價值、估值狀態。其中，企業的內在價值，是基本面分析中的核心要素。

　　在進行基本面分析時，我們可以遵循由「宏」到「微」這一過程。首先，從宏觀角度來看，企業發展離不開良好的經濟大環境、行業前景、鬆緊適度的金融政策等等，這是絕大多數企業實現獲利、快速增長的根本保障。反之，若宏觀經濟不景氣、人民消費市場較為低迷、進出口額不斷下滑，此時大多數企業很難有好的獲利能力。

　　在分析基本面中的「宏」因素時，行業前景是最為重要的，因為經濟的走勢就如同人類社會發展，都遵循著整體向上的趨勢，即使其中有一定的起伏，但若非出現極端情況（如戰爭、重大自然災害等），其幅度也是很小的。而行業這個因素則不同，一些行業可能因為不符合時代發展而逐漸被淘汰，屬於夕陽行業；一些行業則迎頭而上、前景廣闊，此為朝陽行業。

　　高污染、高能耗的企業，雖然在經濟發展初期發揮不可或缺的作用，但隨著經濟的持續發展、人民生活水準的不斷提高，這些行業、產業將被逐步淘汰，因此成長空間極為有限。反之，那些新科技、新能源類的企業，若能夠抓住機遇、完善自身，則後續的發展潛力相對較大。

2.1.2　做基本面分析時要知道的名詞

基本面分析法以「價值」為核心。無論是分析宏觀經濟，還是分析行業發展，這個「價值」最終要落實到企業自身。好的經濟環境、好的行業並不代表身處其中的企業就一定有價值，這其中也有混水摸魚、不思進取的企業。因而在進行基本面分析時，要積極關注企業的競爭能力、市場開拓潛力、公司管理能力等直接影響到企業獲利情況的要素。

企業的基本面分析，既可以讓我們瞭解上市公司當前的經營情況，也可以讓我們瞭解上市公司未來的發展前景。由於企業的獲利能力，將決定股價的中長期走勢，因此基本面分析法有助於看清個股運行的大方向。在具體分析時，可以經由一些財務指標，來分析企業的獲利情況及估值狀態，以此作為遴選個股的參考。

市淨率：指每股價格與每股淨資產之間的比值，比值越低意味著風險越低。一般來說，較低的市淨率意味著企業的淨資產雄厚，但我們也要注意辨識淨資產的「含金量」。如 2018 年很多個股出現淨資產的突然性大幅度縮水，就源於商譽的巨額減值。

市盈率：也稱為本益比，它是衡量個股估值狀態的一個指標（注：估值狀態，即衡量個股的價格是否合理）。企業即使獲利能力較強、發展空間廣闊，但如果股價漲幅較大、透支了未來的上漲空間，那麼投資人在高位買入，顯然要承擔更大的風險。

市盈率＝每股價格÷每股收益（注：每股收益以年度為計算單位）。相對而言，藍籌股、大型股，或傳統行業類個股，因高速成長性相對較低，市盈率會相對較低。而小型個股，因成長空間廣闊，市盈率會相對較高，普遍在 30 倍以上。

2.1.3　技術面分析——由盤面數據來分析市場

技術面分析法與基本面分析法完全不同，它關注於股市中的資金驅動因素，側重於從市場行為的角度，來解讀市場及股價的波動，特別關注中短線走勢。從市場實戰的角度來看，技術面分析法就是從市場交投過程中所產生的各種數據（如價格走勢、成交量、盤面中的成交細節、掛單情況等），來分析多空力量的轉變情況，從而預測價格的中短期走勢。

技術派認為，一切影響股市或個股價格走勢的因素（如金融政策、行業政策、重大的社會生活事件、執政者發言、投資人的心態等），都會及時經由市場交投本身表現出來。技術面分析法經由分析呈現市場交投情況的盤面數據，來掌握多空力量的變化，從而預測價格的後期走勢。

股市是一個資金驅動市場，價格走勢是多空雙方交鋒的結果。當多方力量更強的時候，股價會在多方力量的推動下上漲；當空方力量更強的時候，股價則會因空方的賣出而下跌。技術分析就是要經由多空雙方的交鋒情況，來掌握多空力量的轉變，從而預測價格走勢。由於技術面分析法更貼近於市場，因此它能更完整反映並預示價格的中短期走向。

在利用技術面分析法進行預測時，我們是從盤面數據來解讀多空力量轉變的。此時，可以從多個角度來著手，例如：可以從 K 線型態著手，可以從量價配合著手，可以從技術指標著手，也可以從盤面分時圖著手……。雖然著眼點不同，但殊途同歸，都是要經由這些盤面數據，來掌握多空力量轉變情況。

技術面分析只關注於股票市場本身，而不會過於關注上市公司的基本面情況，一些看似沒有什麼投資價值、「貌不驚人」的個

股，往往會上演黑馬行情。此時，借助技術面分析，我們就可以理解並出擊這類個股，而基本面分析方法則無能為力。為了更能解讀市場行為，技術面分析法要借助很多分析工具、分析方法來預測價格的未來走勢，並確定入市、出市的時機。這些分析工具、技術分析方法主要包括 K 線走勢、成交量型態、主力參與行為、技術指標等等。

2.1.4 技術面分析有 3 大假設

基本面分析的核心是「價格圍繞價值波動」，這是經濟學的基本規律，無可厚非。那麼技術面分析方法中的 K 線、量價、分時、指標等，又是基於什麼樣的原理呢？可以確保其結論的可靠性嗎？

技術分析絕不是無根之木、無源之水。其實，它們都是建立在三大假設基礎之上的，這三大假設既是對智慧的總結，也是對金融市場運行規律的揭示。而且在很大程度上，這三大假設參考了道氏理論的研究成果，也正因為如此，我們才說道氏理論是技術分析領域的鼻祖。這三大假設就是：「市場行為涵蓋一切」「價格依趨勢運行」「歷史往往會重演」，以下分點說明。

1. 市場行為涵蓋一切

這一假設指出：任何能夠影響價格變動的因素，都反映在實際的買賣交易行為之中，其表現方式就是價格走勢。「市場行為涵蓋一切」構成技術分析的基礎，它也解釋了為什麼技術分析者不用關注個股基本面的變化。

市場行為是一個籠統的說法，在股市中可以用指數的走勢來表現。影響股市及個股價格走勢的因素多種多樣，包括宏觀經濟數

據、政策面消息、行業趨向、場內資金進出力度、市場情緒、重大事件、金融政策、地震災害、投資人對於未來的預期等因素。這些因素我們無法一一顧及，但市場走勢會將這些因素全都考慮進來。

這也是一條實盤指導建議，即不必勞神費力去分析影響股市波動的所有因素，這超出了我們的能力範圍。由於所有影響價格走勢的因素，都將被反映到實際的交投數據中來，因而，我們只需研究這些已經出現的交投數據即可。

2. 價格依趨勢運行

「趨勢」是技術面分析中的基本概念，正是道氏理論將「趨勢」引入的。趨勢是指價格的中長期整體運行方向，依據其運行方向，一般可分為上升趨勢、橫盤震盪趨勢、下跌趨勢。

股市裡的趨勢並非無中生有的產物，它是人們認識金融市場走勢的結果，是人們依據自身的認識能力，揭示出事物內在本質規律的一種表現。價格依據趨勢運行是指：從中長期的角度來看，價格的整體運行有著相對明朗、前後一致的方向。

技術派在進行分析時，要對市場目前的趨勢進行判斷，判斷結果直接影響其操作結果。研究價格趨勢的意義，就是要在一個趨勢產生、發展的早期，及時準確地把它揭示出來，從而達到順應趨勢交易的目的。

3. 歷史往往會重演

這個假設是指：相似的環境、相似的盤面型態，往往會演繹出相似的後期價格走勢。在股市中投資人的買賣行為，會集中表現在每一交易日的價格波動情況（經由 K 線型態得以反映）及成交量之上。價格走勢、成交量等方面的盤面數據，從表面上來看是市場

交易行為的結果，但實際上是投資人內在心態、情緒的反映。因此相似的盤面型態，展現的是投資人共同的心態和行為，它們也自然會演繹出相似的後期價格走勢。

「歷史往往會重演」這一說法，是指打開未來之門的鑰匙就隱藏在歷史中，或者說將來是過去的翻版。依據這一假設，我們就能以史為鑒，以分析股市及個股的歷史走勢來比對當前，從而提前預測未來的價格走勢。

以這三大假設為前提，技術面分析有了自己的理論根基。第 1 條肯定研究市場行為，就意味著全面考慮影響價格的所有因素。第 2 和第 3 條使我們找到的規律，能夠應用於股票市場的實際操作中。

2.1.5　技術面分析法經典案例

圖 2-1 為興業證券 2017 年 11 月至 2018 年 8 月走勢圖。此股價格的整體走勢，是重心不斷下移的態勢，這是趨勢向下的表現。但隨著股價的跌幅加大，進入底部的可能性也在加大。在圖中標注的三角形區域內，若從時間軸角度來考慮，我們當時並不知道其隨後仍然會大幅下跌。此時的累計跌幅已經較大，股價處於中長期的低點，我們是否可以買股佈局呢？此時，若從基本面來分析，顯然很難得出正確結論。

但是，從技術面來分析，則可以更精準地展開操作。這個收斂的三角形區域，是多空力量相對均衡的一個區域，也是雙方力量又開始累積的標誌。如果整理之後，多方力量轉強、空方力量轉弱，則股價有向上突破這個收斂三角形區域的動力，個股的價格走勢也有望迎來反轉，或是中級反彈行情；反之，則是趨勢繼續向下、底部未到的訊號。

連續小陰線向下跌
破收斂三角形區域

▲ 圖 2-1　興業證券 2017 年 11 月至 2018 年 8 月走勢圖

　　整理之後，多方力量轉強、空方力量轉弱，則股價有向上突破
這個收斂三角形區域的動力，個股的價格走勢也有望迎來反轉，或
是中級反彈行情；反之，則是趨勢繼續向下、底部未到的訊號。

　　對於此股來說，如圖所標注，連續的小陰線向下跌破這個三角
形區域，這就是技術型態上的「破位」，也是多空力量整體對比格
局未改變的標誌。此預示著趨勢將繼續向下，投資人此時抄底入
場，虧損的風險遠大於獲利的機會。

2.2 道氏理論的 3 個基本假設

　　道氏理論是一個系統化的理論，它揭示股市的趨勢運行規律。當然，這些規律、結論的得出，並非僅僅依靠直覺與經驗。對歷史走勢的研究只是激勵了思維，整個理論體系還是有其相對完善的架構，這就包括那些可以用來得出結論的依據，即理論的前提假設。

　　要想更完備地學習道氏理論，我們首先要知道道氏理論的三個重要假設。這三個假設與平常看到的技術面分析理論三大假設，有相似之處，不過道氏理論更側重對其市場涵義的理解。

2.2.1 主要趨勢不受人為操作

　　道氏理論的前提假設之一：主要趨勢不受人為操作左右。這是對主要趨勢的一種定性，即市場運行的大方向並不是人力能夠刻意控制的。也許市場指數在短期內，可能會因大資金的出入受到明顯影響，即人為操作的影響，但主要趨勢不會受到人為操作左右。

　　這一假設也是默認主要趨勢存在的情況下給出的，整個道氏理論都在講解趨勢、闡明趨勢、驗證趨勢，因此趨勢的存在性得到很完整的印證。正是因為道氏理論對於趨勢的完美揭示，技術面分析

法的重要前提假設之一──市場依趨勢運行，才是一個可靠且令人
信服的前提。

既然趨勢的存在性解決了，那麼，趨勢的出現究竟是金融市場
整體運行、各個因素相互影響、共同作用的結果，還是由少數資金
實力強大的投資人控制呢？

對此，道氏理論將金融市場的趨勢運行，看作自然力量在人類
社會金融領域的一種表現方式。個人力量是無法與大自然抗衡的，
同樣，金融市場中的人為操作也不可能改變趨勢。這個前提假設採
用相對比照的方法，即個體的力量無法與整體抗衡，金融市場（主
要指股票市場）有強大的自身運行能力。

2.2.2　市場指數會反映每一條訊息

市場指數，在道氏理論中也常被稱為平均指數。市場指數會反
映每一條訊息，即「平均指數包容消化一切訊息」。

道氏創建的平均指數，是經由計算 30 支成分股的平均價格，
來反映股票市場的整體狀況，這就為現有的各種指數奠定了基礎。
雖然各種指數的計算方法不盡相同，但基本思想都來源於道氏的平
均指數，美國至今仍在沿用的道瓊指數，就是最好的說明。

「市場指數會反映每一條訊息」，這一假設是指：市場指數反
映了無數投資人的綜合市場行為，每一位對於金融事務有所瞭解的
市場人士，他所有的希望、失望與知識，都會反映在市場指數每天
的波動中。

可以說，雖然影響股市的因素多種多樣，但市場指數會在每日
的波動過程中，包容消化各種已知的、可預見的事情，如執政者發
言、金融貨幣政策、重大事件發生、新技術誕生、週邊市場波動等。

對於這些因素或消息，市場指數會迅速地加以評估，並適當地對未來做出預期。

　　這一假設和技術面分析三大假設之一的「市場行為涵蓋一切」，所具有的含義相近，只不過道氏理論是將「市場行為」直接表現為「市場指數」。

2.2.3　道氏理論是客觀化的分析理論

　　此假設指出：市場的價格走勢不以人的意志為轉移，投資人只有客觀地遵循它，才能從股市中獲取良好的收益。股市中絕大多數的投資人，正因為總是主觀地臆斷市場的價格走勢、不顧眼前真實呈現出來的走勢，才會面臨虧損出局的情況。投資人要想成功，就需要深入研究及客觀判斷，才能準確掌握市場的運行。

2.3 市場價格走勢有 3 種級別

　　股票市場的價格走勢並非雜亂無章，查理斯‧道基於對金融市場的長期觀察、結合道瓊指數的走勢，以敏銳的直覺，提出市場價格走勢的 3 種級別，並闡明金融市場中的「趨勢」概念。

　　這 3 種級別的走勢由大至小分別是：基本趨勢、折返走勢、短期波動。依據這種劃分，我們對市場運行會有更深刻的理解，在評估市場未來的運行方向時，也將有更可靠的依據。

2.3.1　趨勢是一種客觀的規律

　　趨勢即事物或局勢發展的動向，且這種發展動向具有客觀性、不以人的主觀意志為轉移。在統計學上，趨勢具有時間性，主要是指時間軸上的某個可見動向，是一種線性發展的客觀規律。

　　可以看出，趨勢代表一種較為確定的發展方向，當我們使用「趨勢」這一詞時，往往指某種事物的明確發展方向。例如：「人類文明不斷進步是歷史發展的必然趨勢」「緊跟科技發展的趨勢」時，就暗含了趨勢所具有的「沿時間順序線性發展、具有明確的方向性」這層含義。

　　趨勢是一種客觀規律，它是人們對社會發展過程的一種總結，也是人類智慧對自然規律、社會規律的一種揭示。將「趨勢」這一詞語引入金融市場，它指的是價格走勢的某種客觀規律性，而且這種走勢是不受人的意志轉移。那麼，金融市場中（包括股市）的價格走勢具有「趨勢性」究竟意味著什麼呢？它是以何種形式表現出來的呢？

　　道氏理論最早闡明金融市場中存在的這種客觀規律──趨勢，並對其進行系統歸納、深刻分析，為以後的技術分析之路打開方便之門。

2.3.2　基本趨勢有 3 種：上升、下跌、橫向延伸

　　基本趨勢，也稱主要趨勢，是市場運行的大方向，是大規模、中級以上的上下運動，通常持續一年甚至數年之久，並導致價格累計上漲或下跌 20% 以上。

　　市場運動特徵是曲折蜿蜒的，具有相當明顯的峰和谷，無論這些峰和谷是依次遞升、依次遞降，或者橫向延伸，其方向都構成市場的趨勢。

　　依據價格運動的大方向，基本趨勢可以分為 3 種：基本上升趨勢（簡稱上升趨勢）、基本下跌趨勢（簡稱下跌趨勢）、橫向延伸趨勢（或稱為橫盤震盪趨勢）。其中，橫向延伸趨勢往往被視為多空力量處於膠著狀態、市場方向不明朗的標誌，也被稱為無趨勢狀態。但無趨勢狀態並不是真的無趨勢，它指的是橫向延伸，是長期橫向震盪。

　　道氏理論依據大方向定義了 3 種趨勢，那麼，它們在具體運行時，又是以什麼方式呈現的呢？我們可以借助物理學中的「波峰」

「波谷」來理解 3 種基本趨勢的運動特點。

上升趨勢就是一個價格逐浪走高的過程，此時，後期出現的波峰及波谷，會相應地高於前期出現的波峰及波谷，即價格走勢呈現出「一峰高於一峰、一谷高於一谷」的運動方式。

反之，下跌趨勢則是一個價格逐浪走低的過程，此時，後期出現的波峰及波谷，會相應地低於前期出現的波峰及波谷，即價格走勢呈現出「一峰低於一峰、一谷低於一谷」的運動方式。

而橫盤震盪趨勢，是價格橫向震盪的過程，也是一個波峰與波谷依次重疊的運動型態。圖 2-2 標示了這 3 種趨勢的運行特點。

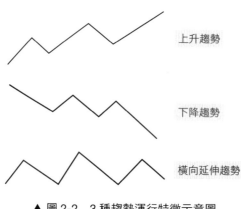

上升趨勢

下降趨勢

橫向延伸趨勢

▲ 圖 2-2　3 種趨勢運行特徵示意圖

趨勢以一種綜合性、整體性的表現存在。道氏理論揭示了趨勢的存在，但並沒有指出趨勢為何存在。其實，我們可以借助市場的資金驅動效應及投資人情緒傳導效應，來進一步理解。

我們知道，趨勢的延續需要一定的時間和空間。以上升趨勢的出現為例，當宏觀經濟看好，或市場明顯低估，或某些外在利多消息觸動，使買入的投資人開始增多時，這往往是一個臨界點。

此時，多方力量整體上開始強於空方力量，在入場資金力度加大的狀態下，股市出現上漲。賺錢效應的出現，會傳導至更多投資人，也削弱了賣出意願，隨著後續的買盤不斷入場，源源不斷的入場資金驅動市場上漲。這個傳導過程常常會因經濟面的持續好轉，或是利多消息的不斷湧現，而得以持久延續，從而也就鑄成了一輪上升趨勢的出現。

對於趨勢來說，影響和改變趨勢的，是趨勢內部的各種變數，首先是核心力量，其次是其他變數。而在不同階段，核心力量的來源可能不相同。

比如，在宏觀經濟持續看好，但股市未同步表現的背景下，經濟面因素往往就會成為上升趨勢的核心力量。又如，在宏觀經濟表現相對平淡、市場運行較為平淡的背景下，陸續的政策面利多，往往就會成為上升趨勢的核心力量。

同理，對於下跌趨勢也一樣，例如，當股價經歷較大幅度上漲後，由於企業偏離經濟面、透支未來成長空間，此時價值因素往往就會成為下跌趨勢的核心力量。

2.3.3　折返走勢又稱為「次級走勢」

折返走勢也可以稱為次級波動、次級走勢、次要趨勢，它出現在基本趨勢的運行過程中，其方向與基本趨勢的運動方向相反，是對基本趨勢的調整與修正。折返走勢的持續時間大多在 20～60 天，反映了市場投資情緒的漲落。

一般來說，上升趨勢中的中級回檔波段、下跌趨勢中的中級反彈波段，均屬於次級走勢。當折返走勢出現後，價格常常可以回檔這一波漲跌幅度的 1/3 或 2/3。

2.3.4　短期波動反映短時間內的價格變化

　　短期波動反映了價格在幾天之內的變動情況，多由一些偶然因素決定。短期波動可以是價格在單獨交易日的盤中波動，也可以是價格在幾個交易日內的小幅度修正走勢。造成短期波動的因素有很多，如週邊市場的波動、消息因素、節假日等等。就幅度來說，短期波動的幅度明顯小於次級的折返走勢。

　　圖 2-3 標示了價格走勢的 3 種級別，橫軸為時間、縱軸為價格，從 1 到 9 這個大過程代表基本趨勢。圖中的基本趨勢運行方向向上，穿插著與其運行方向相反的 3 個折返走勢，它們分別是 2 到 3、4 到 5、6 到 7，而其中的 a 到 b、c 到 d 則屬短期波動。

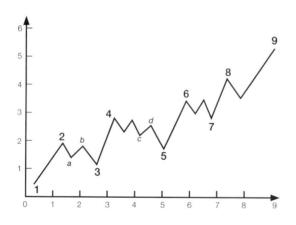

▲ 圖 2-3　價格走勢的 3 種級別示意圖

NOTE

第 **3** 章

【技術】跟著這樣畫趨勢線，100% 掌握股價漲跌

3.1 支撐性趨勢線, 用來指出支撐點位

　　從實用的角度來說,能否準確判斷趨勢,是一筆交易成敗的關鍵。特別是對於中長線交易來說,想掌握買賣時機,離不開對趨勢的預測。

　　如果在升勢開始時或進行中,投資人卻早早賣出離場,會浪費難得的市場行情;反之,如果投資人在跌勢中過早抄底入場,雖然買在階段性、甚至是中期低點,仍有可能出現大幅虧損,對本金造成嚴重損害。所以說,準確地判斷趨勢是股票交易的核心要素,即使是對短線交易而言,漲勢中的交易也要比跌勢中的交易容易得多、成功率高得多。

　　那麼,投資人應該如何判斷趨勢呢?利用技術分析領域中的畫線技術,是一種簡便可靠的方法。畫線技術能夠簡單、清晰地指明市場的支撐、壓力點位以及市場的多空動能變化,進而為預測趨勢提供可靠的依據。

　　支撐性趨勢線的作用,在於指示升勢中的支撐點位,它是依據道氏理論中對於上升趨勢的描述「一底高於一底」,並結合股價運行的軌道原理而來。是一種雖然古老,但原理清晰、用法簡單的技術法則。

3.1.1　趨勢線分為上升及下降兩種

　　趨勢線分為兩種，即上升趨勢線（也稱支撐線）與下降趨勢線
（也稱壓力線）。上升趨勢線是上升行情中兩個及兩個以上低點的
連線，其功能在顯示出價格波動上升過程中的支撐點位。下降趨勢
線是下跌行情中兩個及兩個以上的高點的連線，其功能在顯示價格
震盪下行過程中的反彈壓力點位。

　　趨勢線既能有效地指示趨勢的發展方向，也可以幫助投資人掌
握趨勢的重要點位，進而為買賣交易提供指導。上升趨勢線對於股
價的下跌構成有力的支撐，當股價回檔至趨勢線附近時，是好買
點；下降趨勢線對於股價的反彈構成有力的阻擋，當股價反彈至趨
勢線附近時，是好賣點。

3.1.2　「一浪高於一浪」的運動模式

　　趨勢線，顧名思義其作用在於指示趨勢的運行，那麼，它如何
指示趨勢運行呢？一般來說，資金驅動一旦沿某個方向展開，價格
在向這個大方向不斷波動的過程中，由於多空力量對比格局的整體
性延續，在上升或回落的過程中，會遇到相應的支撐或壓力。

　　這些支撐或壓力點位的出現，正好契合道氏理論對於趨勢的描
述：升勢是「一浪高於一浪、一底高於一底」的運動模式；跌勢則
是「一谷低於一谷、一頂低於一頂」的運動模式。利用股價波動的
這個特點，我們就可以畫出升勢中的支撐線，及跌勢中的壓力線。

　　可以說，趨勢線的用法正是道氏理論在技術分析中的直接延
伸，它是依據道氏理論對於趨勢的描述而得來的，有堅實的理論基
礎，也是廣大投資人在分析趨勢時，必須掌握的一項技術。

3.1.3　上升趨勢線的畫法

　　一輪升勢從低點展開後，股價的波動會呈現「一底高於一底」
的方式。此時，我們將行情啟動之初的兩個相鄰低點連接，就可以
得到一條傾斜向上的直線。這條直線指示了升勢的支撐點位，它就
是上升趨勢線，也稱為支撐性趨勢線。

　　一般來說，價格隨後的波動或急或緩，但價格在創出新高後的
回落走勢中，則會遇到這條支撐性趨勢線。由於升勢的出現已經改
變絕大多數投資人的心理預期，短線抄底盤、場外觀望盤的入場意
願會大大增強，而價格此時也會遇到較強的支撐作用。

　　圖 3-1 為上汽集團 2016 年 5 月至 2017 年 6 月走勢圖，將此股
價格自低點啟動後的兩個有一定間距的回檔低點相連接，就能畫出
上升趨勢線。

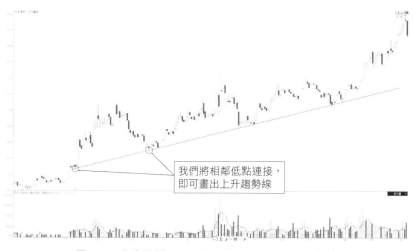

我們將相鄰低點連接，
即可畫出上升趨勢線

▲ 圖 3-1　上汽集團 2016 年 5 月至 2017 年 6 月走勢圖

　　畫出上升趨勢線後，我們雖不知道股價隨後運行的具體軌跡，但可以大致瞭解股價沿這一大方向波動時的支撐點位，這就是上升趨勢線的主要作用。當股價在一波回落後接近趨勢線時，由於會遇到較強的支撐作用，投資人在此時買入的機會明顯大於風險，特別是在價格累計漲幅較小時，是較好的中長線逢低入場時機。

3.1.4　要注意上升趨勢線的角度、間距及特點

　　上升趨勢線之所以又稱為支撐線，是因為它的作用在於指示支撐點位。但在實戰中，我們常常會發現，依據上升趨勢線畫出的直線常常不具有支撐作用：股價在運行中，往往很容易向下跌破上升趨勢線；或者在股價回落、距離趨勢線較遠時，就開始反轉向上。

　　之所以出現這樣的情況，一方面是源於股價波動的隨機性、個股價格走勢的多樣性；另一方面也是因為我們對上升趨勢線的理解不夠透徹。在實盤操作中，想更準確地使用支撐線展開操作、預測價格波動，應注意以下 3 點。

1. 注意趨勢線的傾斜角度

　　著名的角度線大師江恩認為：45 度角的趨勢線最可靠。角度過於平緩的趨勢線，顯示出力度不夠，多空力量對比格局不清晰，也說明多方並未完全佔據主導地位且攻勢較差，這樣的個股容易演變為長期震盪滯漲，難有大行情出現。

　　反之，角度過於陡峭的趨勢線，則說明多方上攻較為迅急，且是多方力量釋放過快的表現，這樣的走勢也不能持久，趨勢容易很快就轉變了。

　　圖 3-2 為三維通信 2018 年 7 月至 2019 年 4 月走勢圖，我們將

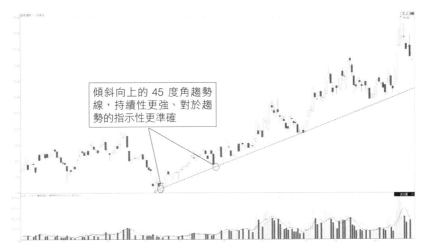

傾斜向上的 45 度角趨勢線，持續性更強、對於趨勢的指示性更準確

▲ 圖 3-2　三維通信 2018 年 7 月至 2019 年 4 月走勢圖

此股價格攀升中的兩個低點相連。這條直線的角度接近 45 度，是一條不急不緩、傾斜向上的趨勢線，可以適當展現趨勢線的支撐作用，實戰價值較為突出。此外，股價沿這個方向持續運行的力度，也將會更強。

2. 注意相鄰低點的間距

　　相鄰兩個低點之間的距離不宜太近，應該是將一個明顯上揚波段的起漲點，與緊隨而至的一波明顯回落的低點相連接，而不是將個股兩三日內出現、股價上下大幅波動中的低點相連接。這是因為若兩點之間距離太近，就屬於股價的偶然性波動，不能準確呈現出股價回落時遇到的支撐作用，由此所畫出的上升趨勢線，也不具有趨勢指向性。

3. 結合股價走勢特點分析

股價的運行多是以震盪（即出現明顯波段）的方式運行，這是因為短期內的多空力量，會因股價的短線波動而此消彼長。雖然這改變不了多空力量的整體對比格局，但價格短期運行中的這個特徵，是較為明顯的。

但是我們也應瞭解到，一些個股因主力或機構的參與，或題材的驅動引起股價的短線飆升，其價格走勢往往不具有這種明顯的波動性特點，此時就很難畫出指示支撐點位的趨勢線。在這種情況下，需要借助其他技術分析工具，以及對個股價格走勢特點的具體分析來作判斷。

3.1.5 上升趨勢線失效，有這 2 個依據

依據趨勢線畫法得到的傾斜向上直線，並不一定就是代表支撐點位的上升趨勢線。它雖然是在個股自低點啟動後畫出的，但可能支撐效果微弱、易被跌破。那麼，我們如何識別「似趨勢線，但支撐力度差」的直線呢？實盤中，「角度」及個股價格的「短線走勢特徵」是重要的依據。

一般來說，過於平緩的傾斜向上直線，並不具有支撐效果，只是個股價格階段性止跌的標誌。這條直線可能位於跌途中的整理區，也可能位於築底區，此時若勉強套用趨勢線，實戰性不強。雖然也有一些個股以這種平緩的「趨勢線」為踏板而強勢啟動，但這種走勢與趨勢線並無關聯。

圖 3-3 為北辰實業 2018 年 6 月至 2018 年 10 月走勢圖，在低位區，此股價格走勢開始止跌，股價重心緩慢上移。此時，我們連接相鄰低點得到一條向上傾斜的直線，但由於角度過於平緩，這條

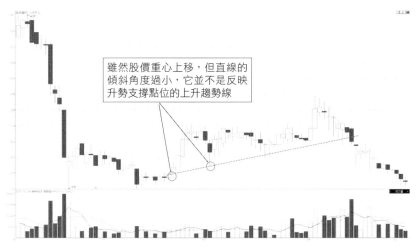

雖然股價重心上移，但直線的
傾斜角度過小，它並不是反映
升勢支撐點位的上升趨勢線

▲ 圖3-3　北辰實業 2018 年 6 月至 2018 年 10 月走勢圖

　　直線並不能反映支撐點位，也不是上升趨勢線。如果我們依據這條直線而實施中長線買股操作，將有可能被套在跌勢整理區，即跌勢的半山腰。

　　角度過緩不具有支撐效果，同樣，角度較為陡峭的直線也難以有支撐作用。如果個股價格短線漲勢較為迅急，且幅度較大，價格隨後回檔時的低點一般不宜作為趨勢線的連接點。特別是對於漲幅較大的個股來說，股價短線快速上漲後的獲利賣壓更重。這種短線波動方式，往往是消息因素或題材驅動所導致，不能完全反映多空力量整體對比格局的變化。

　　圖 3-4 為中國中冶 2018 年 12 月至 2019 年 4 月走勢圖，此股價格的短線漲速較快、漲勢凌厲，且此股漲幅較大，結合同期市場的表現來看，這一波快速上漲並不能代表多方力量的絕對優勢。如果我們依據隨後回檔時的低點而畫出「上升趨勢線」，很有可能對交易形成錯誤的指導。

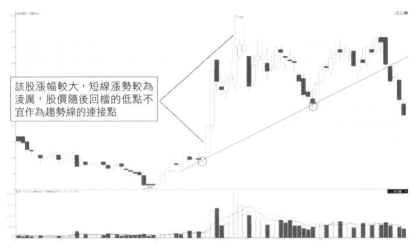

該股漲幅較大，短線漲勢較為凌厲，股價隨後回檔的低點不宜作為趨勢線的連接點

▲ 圖 3-4　中國中冶 2018 年 12 月至 2019 年 4 月走勢圖

3.1.6　還要注意股價波動的偶然性

　　上升趨勢線雖然展現股價震盪上行的支撐點位變化，但不代表個股價格不會跌破趨勢線。股價常常因一些偶然的因素而短期劇烈波動，如市場波動、同類個股利多利空消息、上市公司非重大的偶然事件等等。這些都屬於偶然性的波動，一般來說並不代表趨勢的轉折。

　　如果個股的趨勢線狀態良好、畫法相對準確，且股價又處於累計漲幅較小的位置，此時出現的股價偶然向下跌破趨勢線的運行，往往只是暫時性的，個股會很快收復失地並躍升至趨勢線上方。實盤操作中，我們應注意鑒別這種情況。

　　圖 3-5 為通用股份 2018 年 8 月至 2019 年 4 月走勢圖，依據此股價格在低位區的震盪軌跡，我們可以畫一條傾斜向上的直線。它的角度適中、股價短線漲勢平穩，是一條相對可靠的上升趨勢線。

但股價隨後向下跌破此線，這種走勢可以看作是二次探底型態，與此股價格的偶然性波動有關，對於中長線持股者來說，可以繼續觀察。

　　如果價格能很快返回趨勢線上方，持股者可繼續持有；但如果持續停留於趨勢線下方，則表示多方力量不足、市場多空格局仍處於變化之中，持股者宜減倉或持幣觀望。

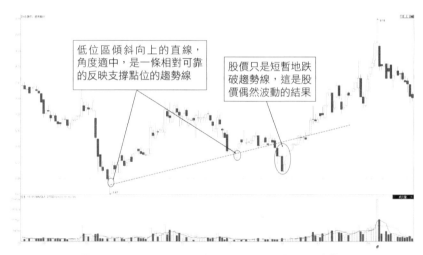

低位區傾斜向上的直線，角度適中，是一條相對可靠的反映支撐點位的趨勢線

股價只是短暫地跌破趨勢線，這是股價偶然波動的結果

▲ 圖 3-5　通用股份 2018 年 8 月至 2019 年 4 月走勢圖

3.2 壓力性趨勢線，用來指出反彈點位

　　壓力性趨勢線，重在反映價格波動中的壓力點位，一般來說，它更常被用於下跌趨勢中，投資人以此來判斷反彈點位。除此之外，壓力性趨勢線也常用於震盪行情中，投資人以此判斷震盪區的箱體頂部，它還可用於指導震盪行情中的高賣低買波段操作。

3.2.1　下降趨勢線的畫法

　　一輪跌勢從高點展開後，股價的波動會呈現「一頂低於一頂」的方式。此時，將破位行情中的兩個相鄰反彈點連接，就可以得到一條傾斜向下的直線。這條直線指示了跌勢中的壓力點位，它就是下降趨勢線，也稱為壓力性趨勢線。

　　一般來說，價格隨後的波動或急或緩，但價格在創出新低後的反彈走勢中，則會遇到這條壓力趨勢線。由於跌勢的出現已經改變絕大多數投資人的心理預期，且市場多空格局已發生根本轉變，短線投資盤、中線投資盤均有較強的賣出意願，這條趨勢線就發揮了強力的阻擋作用。

　　圖 3-6 為英飛拓 2016 年 4 月至 2018 年 2 月走勢圖，此股價格

走勢在高點出現明顯的震盪滯漲狀態，且股價重心震盪下降。我們將股價相鄰兩個反彈高點相連接，就畫出下降趨勢線。

畫出下降趨勢線後，我們並不知道個股價格隨後運行的具體軌跡，但可以大致瞭解股價沿此一大方向波動時的壓力點位，這就是下降趨勢線的主要作用。

我們可以看到，當股價經一波反彈至趨勢線附近後，隨著阻擋的增強，股價出現明顯回落。因此，當股價反彈至趨勢線時，就是較好的短線離場時機。

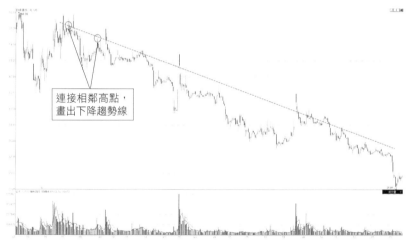

連接相鄰高點，
畫出下降趨勢線

▲ 圖 3-6　英飛拓 2016 年 4 月至 2018 年 2 月走勢圖

3.2.2　下降趨勢線形成時的賣出時機

下降趨勢線一旦形成，特別是高位區向下傾斜的這種趨勢，往往預示個股價格將步入整體跌勢，中長期風險極大，此時投資人不可貿然抄底。操作中，投資人可以結合大盤波動，當股價短期超跌

時，可少量倉位參與博取反彈行情。而下降趨勢線顯示的壓力位，
就是對賣出時機的最好提示。

圖 3-7 為軟控股份 2016 年 4 月至 2018 年 10 月走勢圖，此股價
格經高位區震盪後，選擇向下運行，我們將連續兩個明顯的反彈高
點連接後，得到一條傾斜向下的直線。它的角度適中，兩個反彈點
間距較大，能夠較準確地反映趨勢運行狀態及反彈壓力位。

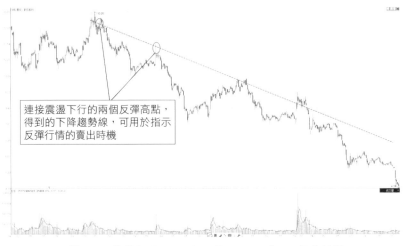

連接震盪下行的兩個反彈高點，
得到的下降趨勢線，可用於指示
反彈行情的賣出時機

▲ 圖 3-7　軟控股份 2016 年 4 月至 2018 年 10 月走勢圖

3.2.3　下降趨勢線不能太過陡峭

下降趨勢線之所以又稱為壓力線，是因為它的作用在於指示壓
力點位。但在實戰中，我們也會常常發現，依據下降趨勢線畫出的
直線不具壓力作用。股價在運行中，往往很容易向上突破下降趨勢
線，或者在股價反彈、距離趨勢線較遠時就開始反轉向下。

實盤中，為了正確運用下降趨勢線來掌握股價波動情況，我們

同樣要注意趨勢線的角度、股價走勢特點、市場帶動的影響等多種因素。

　　一般來說，下降趨勢線的角度不宜太過陡峭，急速下跌的走勢若非因重大利空所致，易引發強勢反彈行情，從而向上輕鬆突破壓力位。由於短線獲利賣壓快速增強，且前期的快速下跌已徹底改變投資人心理預期，因此這種突破往往只是暫時性的，並不代表趨勢反轉，而下降趨勢線所反映的壓力位也並不準確。

　　圖 3-8 為中鋼天源 2017 年 7 月至 2018 年 10 月走勢圖，此股價格的第 1 波下跌幅度過大，且隨後的反彈幅度較小，使下降趨勢線的傾斜角度過大、較陡峭。這樣的趨勢線並不能準確反映壓力位的變化，股價很容易在隨後的反彈波段中突破這根「趨勢線」，但這並不是行情反轉的標誌。可以說，對於這類下跌迅急的運動方式，並不適合用畫趨勢線來指示反彈壓力位。

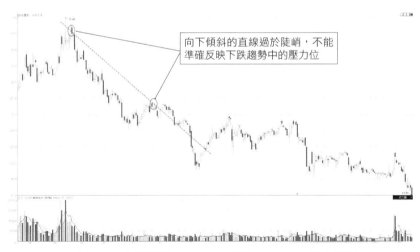

向下傾斜的直線過於陡峭，不能準確反映下跌趨勢中的壓力位

▲ 圖 3-8　中鋼天源 2017 年 7 月至 2018 年 10 月走勢圖

3.2.4　也要考慮股市波動的不規則性

無論是上升趨勢線還是下降趨勢線，它們的作用既是指示方向，也是指示支撐（壓力）位，其中對於支撐（壓力）位的指示是核心要點。但是，我們也應瞭解股價波動的不規則性，即不是每一支個股在價格步入升勢或跌勢後，都可以畫出清晰的趨勢線，否則股票交易就可以變成全然機械式操作，也不會有人虧損了。

正是因為市場波動的不規則性、個股價格走勢的隨機性（特別是受消息題材的影響），趨勢線只能作為我們分析趨勢時的一種輔助工具。

例如圖 3-8 中鋼天源的價格下跌走勢，就不能依據定義畫出下降趨勢線。一般來說，若個股價格在行情（上升或下降）出現初期波動，率先出現的兩個相鄰低點（或高點）的連接線，有接近 45 度的傾斜角，且兩個相鄰點的間距適中，這樣的直線才是相對可靠、能夠指示支撐（壓力）位的趨勢線。除此之外，連接得到的直線雖然能夠大致指示趨勢方向，但實盤操作性不強，不能為交易提供依據。

另外，在使用中，我們也應注意避免在橫向小幅度震盪走勢上畫趨勢線，這時畫出的趨勢線不僅角度過於平緩，且不能真正指示後期的趨勢發展方向。因為同樣型態的橫向小幅度震盪走勢，可能是升勢（或跌勢）中的整理階段，也可能是行情見底（或見頂）後的反轉階段。這時，我們要結合同期的大盤表現、個股估值狀態、量價關係等因素來作整體評估。

圖 3-9 為光洋股份 2018 年 3 月至 11 月走勢圖，此股價格在低位區出現小幅度震盪止跌走勢，走勢上呈「一底低於一底，一頂低於一頂」的運行特點。雖然我們依據下降趨勢線畫出傾斜向下的直

線，但這並不是真正意義上的下降趨勢線。

　　首先，因為下傾角度過於平緩，不能表現反彈後的壓力位；其次，這是中長期下跌後的低位止跌區，並不是趨勢涵蓋的走勢範圍。

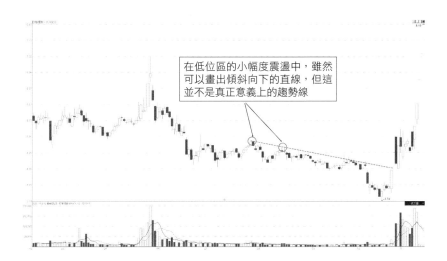

在低位區的小幅度震盪中，雖然可以畫出傾斜向下的直線，但這並不是真正意義上的趨勢線

▲ 圖 3-9　光洋股份 2018 年 3 月至 11 月走勢圖

3.3 注意行情加速 & 趨勢角度的變化

　　一輪上升（或下跌）行情的運行節奏並不是一成不變的，它往往有一個由緩到急、由蓄勢到加速的過程。行情開始的初期，由於多空分歧較為明顯，此時的趨勢發展相對緩慢，這是一個多方（或空方）力量漸漸轉強的過程，其持續時間可長可短。隨著市場人氣恢復、技術型態顯現，趨勢也開始明朗，更多的投資人在看到趨勢明朗後會採取更為主動的操作，趨勢運行開始加速。

　　這是歷史行情發展的常見方式，表現在趨勢線上就是角度由相對平緩到相對陡峭的不斷變化的過程。實盤中，我們應結合行情發展的這種特點，及時調整趨勢線以適應趨勢的即時發展。

3.3.1　上升趨勢線的角度變化

　　在上升趨勢中，很多個股的價格都會經歷由緩到急的上漲過程，趨勢線也將隨著價格走勢節奏的變化而改變，即趨勢線的角度會逐漸變陡。一般來說，在股價的一輪上漲過程中，趨勢線的角度多會出現兩次轉變，每一次轉變都使趨勢線的角度更加陡峭。

　　但隨著趨勢線角度逐漸變陡，個股價格的累計漲幅也會不斷增

加，多方力量的釋放速度也會加快。因此，當趨勢線的角度已變得不能再陡峭時，往往也就意味著升勢即將結束。此時，我們應密切注意趨勢反轉的發生。

當上漲加速後，原有的趨勢線會顯得過於平坦，這是同一張走勢圖上視覺對比的結果，但不是對原有趨勢線真實角度的反映。為了更真實地反映趨勢線的真實角度及變化，我們用兩張圖來呈現上升趨勢線的角度轉變。

圖 3-10 為新希望 2018 年 7 月至 2019 年 2 月走勢圖，這是一條傾斜向上且接近 45 度角的上升趨勢線，反映了升勢中的支撐位，對此股價格持續上行有較強的支撐作用。

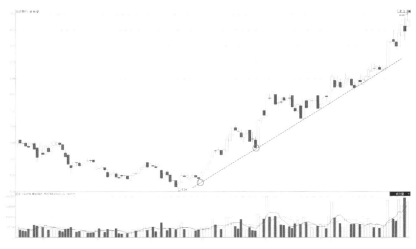

▲ 圖 3-10　新希望 2018 年 7 月至 2019 年 2 月走勢圖

隨後如圖 3-11 所示，隨著 2019 年 3 月上漲節奏的加快，原有趨勢線已不能反映升勢中的支撐位，這是多方力量加速推進的標誌。此時，我們也要結合此股價格走勢的特點，畫出新的趨勢線。

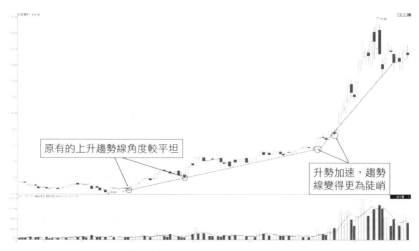

原有的上升趨勢線角度較平坦

升勢加速，趨勢線變得更為陡峭

▲ 圖 3-11　新希望 2018 年 8 月至 2019 年 3 月走勢圖

一般來說，經過第 1 條相對平坦的趨勢線，及第 2 條較為陡峭的趨勢線後，股價的累計漲幅已經較大，若非市場有較大的整體性上漲行情，股價隨後見頂的機率將大大增加。此時，一旦股價在高位區出現滯漲，我們應更關注風險，而不是關注其隨後還能有多少上升空間。

3.3.2　下降趨勢線的角度變化

相對於上升趨勢線來說，下降趨勢線出現角度變陡的情況要少得多。下跌趨勢將要形成時，個股價格往往先是緩慢下行、缺乏反彈，這時我們無法依據連續的小陰線畫出下降趨勢線。一旦股價真正向下破位、短線大跌後，下跌角度就會驟然變陡，此時連接得到的下降趨勢線持續性較強，而且股價依據此線震盪下行的跌速也較快，難以再次下跌加速。

　　但是，也有一些個股價格先是緩慢震盪下行，這表示股價重心小幅度下移，但有明顯的震盪型態。如果此時的股價正處於上漲後的高位，依據這種走勢格局所畫出的下降趨勢線，就有隨著跌勢加速而逐漸變陡的傾向。

　　圖 3-12 為三安光電 2017 年 3 月至 2019 年 1 月走勢圖。在高位區，此股價格反覆震盪，股價重心下移，且一頂低於一頂，但此時的下降趨勢線坡度較為緩和，這與高位區多空分歧明顯有關。由於原來的升勢持續時間較長，投資人形成明顯的升勢慣性思維，此時雖然多空力量對比格局發生轉變，但空方力量並不佔據絕對優勢，從而使得股價下跌方式呈現為震盪緩跌，下降趨勢線也較為平緩。

　　但是隨著原有升勢格局的破壞，做多思維不斷被市場價格走勢糾正，空方力量得到進一步加強。從而使股價下跌速度加快，下降趨勢線也將逐漸變陡，這對應於下圖中第 2 個、第 3 個角度不斷陡峭的下降趨勢線。

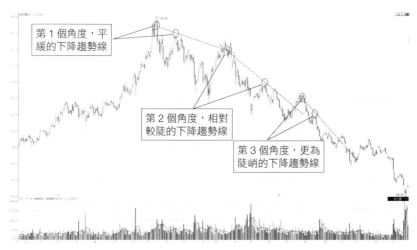

▲ 圖 3-12　三安光電 2017 年 3 月至 2019 年 1 月走勢圖

3.4 # 支撐位與壓力位互換時，趨勢產生反轉

　　趨勢雖然有很強的持續力，但隨著股價累計漲跌幅度加大，多空力量對比格局也在慢慢發生變化。一旦原有的多空格局發生轉變，趨勢也將反轉，這主要表現在高位區的升勢轉換為跌勢、低位區的跌勢轉換為升勢。

　　當趨勢發生轉變時，原有的支撐位（或壓力位）也將失去作用，但它們仍有實戰意義，這就展現在支撐位與壓力位的互換。

3.4.1 （圖解）支撐線轉壓力線的過程

　　一輪趨勢往往會經歷形成、發展、轉弱、反轉此一過程，趨勢有形成的時候，也有反轉的時候。當個股價格經歷較長時間的上漲之後，就有可能出現趨勢反轉向下。同樣，當個股價格經歷較長時間的下跌之後，也有可能出現趨勢反轉向上。

　　在上升趨勢中，依據個股價格震盪上升的運動特徵，我們可以畫出代表著支撐位的上升趨勢線。但是如果在高位區出現股價明顯跌破支撐線，且隨後反彈受壓制的走勢，大多表示原有升勢或將結束，趨勢有轉跌的可能。

在這種情況下，原有的支撐線將轉變成隨後反彈時的壓力線。將個股反彈時的低點，與前期升勢啟動時的低點連接，可以畫出一條角度更為平緩的直線，它對反彈後的回落有一定支撐作用。但若個股價格繼續向下跌破此線，則表示趨勢下跌力度較大，跌勢仍有一定向下空間，投資人應注意規避風險。圖 3-13 說明趨勢見頂後，原有支撐線轉化為壓力線的過程。

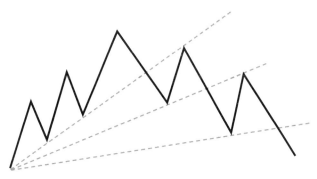

▲ 圖 3-13　原有支撐線轉化為壓力線示意圖

3.4.2　（案例）支撐線轉壓力線

圖 3-14 為三維通信 2018 年 8 月至 2019 年 5 月走勢圖，起初，股價在支撐線上方穩健運行，每當股價回測支撐線時，就會遇到強支撐並再度震盪向上。

但在隨後的高位區，股價向下跌破原有的支撐線，此時我們可以依據股價走勢特點，畫出一條更為平緩的支撐線，而原有的支撐線，則成為隨後反彈中的壓力線。

當然，這種支撐位、壓力位的轉換，只是預測股價走勢的一個參考，個股價格的實際運行，還要結合大盤、個股消息面等因素綜

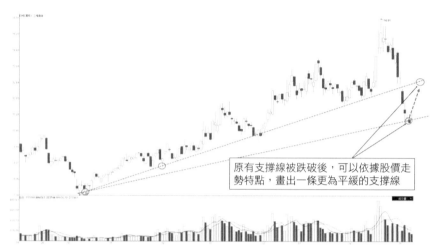

原有支撐線被跌破後，可以依據股價走勢特點，畫出一條更為平緩的支撐線

▲ 圖 3-14　三維通信 2018 年 8 月至 2019 年 5 月走勢圖

合分析。一般來說，在個股無明顯利空、大盤走勢未出現短線急跌的背景下，這兩條線所提示的新支撐位、新壓力位仍然極具實戰價值。

3.4.3　（圖解）壓力線轉支撐線的過程

在下跌趨勢中，依據個股價格震盪下行的運動特徵，我們可以畫出代表壓力位的下降趨勢線。但是如果在低位區出現股價明顯突破壓力線，且隨後回落遇支撐的走勢，多表示原有跌勢或將結束，趨勢有可能轉升。

在這種情況下，原有的壓力線將轉變成隨後回檔時的支撐線，將個股價格突破壓力一波上漲中的高點，與前期跌勢啟動時的高點進行連接，可以畫出一條角度更為平緩的直線，它對趨勢反轉上行有一定阻擋作用。但若個股價格繼續向上突破此線，則表示趨勢上

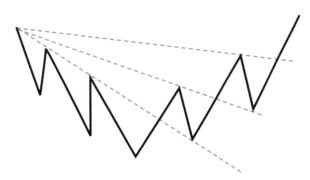

▲ 圖 3-15 　原有壓力線轉化為支撐線示意圖

揚力度較大、升勢仍有一定向上空間。圖 3-15 說明趨勢見頂後，原有壓力線轉化為支撐線的過程。

3.4.4 　（案例）壓力線轉支撐線

　　圖 3-16 為哈藥股份 2018 年 7 月至 2019 年 2 月走勢圖，將此股價格在震盪平台的反彈高點相連接，可以畫出一條近似 45 度角的向下傾斜線，這是下降趨勢中的壓力線。

　　隨後，在累計跌幅較大的低位區，股價向上突破壓力位。此時，這條線便由原來的壓力位，轉變為隨後回落時的支撐位；而將這波突破上漲後的高點，與跌勢開始時的高點相連接，可以畫出一條更為平緩的壓力線，它對股價回落後的再度反彈具有壓力作用。依據壓力線的變化，我們在低位區的震盪中，更能掌握低買高賣的時機。

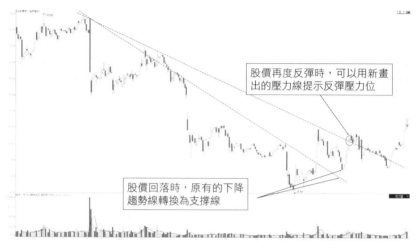

股價再度反彈時，可以用新畫出的壓力線提示反彈壓力位

股價回落時，原有的下降趨勢線轉換為支撐線

▲ 圖 3-16　哈藥股份 2018 年 7 月至 2019 年 2 月走勢圖

3.4.5　突破或跌破的有效性，有這 3 個關鍵

　　無論是低位區的突破壓力線，還是高位區的跌破支撐線，當原有的壓力位（或支撐位）發生轉換時，我們一定要學會正確判斷這種轉換的可靠性。一般來說，可以從以下幾點進行綜合分析。

1. 持續時間

　　指股價突破（或跌破）原有趨勢線後，所持續的時間長短。一般來說，我們以收盤價來確認有效性，因此盤中出現的突破（跌破）但收盤價未予確認的，不屬於有效的突破。

　　無論對於上升趨勢線，還是對於下跌趨勢線，如果股價突破趨勢線，投資人可以先觀察一段時間，看看這一波上漲後的下跌，是否會再跌破原來的支撐線；或者是這一波下跌後的上漲，是否會再向上衝破原來的壓力線。如果股價可以在隨後幾日內保持突破效

果，就可以認為這種突破是較為有效的。如果股價較為緩慢地上漲
（或下降），至少要連續三、五個交易日的收盤價，站穩於趨勢線
上方（或下方）。

2. 成交量配合

　　指分析股價在向上突破壓力線時，是否有放大的成交量配合；
而向下跌破支撐線，則無需放量配合。股價突破上漲時的放量，代
表買盤大力湧入，這是較為可靠的突破反轉訊號，「漲時有量支撐」
是確認突破有效性的重要依據。而股價下跌時，往往只是由於買盤
承接力度太弱，不需要大量賣盤離場，就可以引發趨勢反轉向下。
結合跌勢啟動初期的常見情形來看，下跌初期的連續下跌，大多是
相對縮量。

3. 綜合分析

　　指結合大盤走勢、個股價格累計漲（跌）幅來綜合分析。當市
場整體處於升勢（或跌勢）中，絕大多數個股也會隨波逐流。除了
少數的權重股外，很多個股特別是中小型股，其價格隨之波動的幅
度更大。例如在市場處於升勢時，一些業績平平的個股，因股本較
小、有題材支撐，其價格上漲幅度往往遠大於市場平均水準；同
樣，這種放大效應在跌勢中也成立。

　　因此，我們在分析股價對趨勢線的突破（或跌破）時，一定要
結合股價這種大幅波動的特性，對比參照其與市場漲（跌）幅的情
況，以此來判斷當前的位置區出現的突破（或跌破）是否較為可
靠。

3.5　不創新高 & 不創新低的畫線技術

不創新高（低）法則，是一種簡單易畫、但十分有效的畫線技術，它代表多方（空方）力量的明顯減弱，可以應用於多種情形，幫助我們掌握趨勢的結束或反轉。本節我們結合不同情形下的實例，來看看如何運用這一畫線法則。

3.5.1　震盪上揚不創新高

個股價格持續上升、處於明顯的上升趨勢中，這時的股價運行軌跡多呈現為一頂高於一頂的特點。如果在累計漲幅較大的位置，後續的震盪上揚高點低於前一個高點，這屬於震盪上揚不創新高型態，是多方力量開始減弱的標誌，投資人應注意升勢見頂的風險。

圖 3-17 為上汽集團 2016 年 12 月至 2018 年 8 月走勢圖，股價在累計漲幅較大的位置，仍舊保持震盪上揚的格局，一頂高於一頂，多方力量仍舊佔據主動。但隨著震盪持續，股價上下波動的幅度明顯加劇，且出現後一頂低於前一頂的情形。這是多方力量整體減弱的標誌，投資人應注意趨勢見頂的可能。

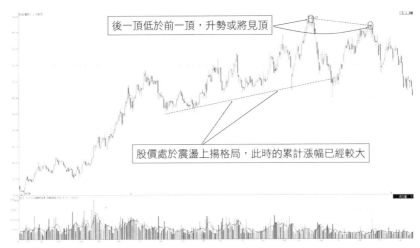

後一頂低於前一頂，升勢或將見頂

股價處於震盪上揚格局，此時的累計漲幅已經較大

▲ 圖 3-17　上汽集團 2016 年 12 月至 2018 年 8 月走勢圖

3.5.2　反轉突破不創新高

　　個股在價格累計跌幅較大的位置，出現類似於反轉的走勢型態，如果我們畫出向下傾斜的壓力線，會發現股價向上突破並站穩於壓力線上方，這是第 1 波反轉上行。隨後，股價回落並再度反彈向上，但此波上揚高點卻低於之前突破上揚的高點。

　　這是「反轉突破不創新高」的型態，表示空方力量仍舊較強，強勢的反轉行情難以快速展開，投資人應注意規避股價再度深幅回落的風險。

　　圖 3-18 為中化岩土 2018 年 7 月至 2019 年 2 月走勢圖，股價在反轉突破後的第 2 波上揚走勢中，高點明顯下降。這是股價短期內或有深幅回落的訊號，也是短期內的離場訊號。

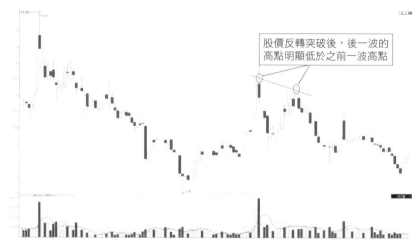

股價反轉突破後，後一波的
高點明顯低於之前一波高點

▲ 圖 3-18　中化岩土 2018 年 7 月至 2019 年 2 月走勢圖

3.5.3　低位止跌不創新低

　　個股價格原來處於下跌趨勢中，隨著股價走低，其累計跌幅較大。此時，如果於階段性低點出現一波相對強勢的上衝、並緊隨一波深幅回落，但回落後的低點卻明顯高於最低點，這屬於「低位止跌不創新低」型態。這表示多空力量整體對比格局正在發生轉變，趨勢有望反轉上行，此時出現的不創新低點，就是一個較好的中長線佈局點。

　　圖 3-19 為隆基機械 2018 年 8 月至 2019 年 4 月走勢圖，股價在低位區出現寬幅的上下波動。第 2 波上揚後雖然深幅回落，但回落低點不創新低，這是一個趨勢反轉訊號，中長線投資人應注意入場時機。

股價之前創出新低，但
這一波回落未創新低

▲ 圖 3-19　隆基機械 2018 年 8 月至 2019 年 4 月走勢圖

3.6 平台區支撐壓力的畫線技術

平台區是一個股價上下震盪、但重心橫向移動的區域。它常出現在趨勢運行不明朗的情況下，可能是原有趨勢行進途中的中繼整理平台，也可能是預示著趨勢將結束的反轉平台。

平台區支撐壓力畫線技術主要是指：依據平台水平震盪的特點，我們可以畫出相對水平的支撐線或壓力線，結合股價在原有趨勢的運行情況，以及支撐線或壓力線被突破或跌破的情況，來預測隨後的趨勢發展方向。

3.6.1 新高平台無支撐

股市或個股價格持續上漲，在一個相對高位區平台橫向震盪，如果平台區低點可以形成有效支撐，這表示多方力量依舊佔有優勢，升勢有望重啟。但如果平台區低點被明顯跌破，且隨後一兩日內無法有效回補，這是空方力量明顯轉強的訊號，投資人應提防趨勢反轉下行。

圖 3-20 為上證指數 2019 年 1 月至 5 月走勢圖，第 1 平台區的低點形成有效支撐，指數反覆下探平台區低點均獲得有效支撐，這

表示市場的上升動能依舊充足，此時仍可看漲。但隨後更高的平台區出現變化，長黑線向下跌破平台支撐位，這是一個趨勢反轉訊號，投資人應注意高位反轉風險。

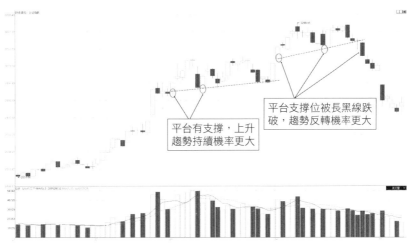

平台有支撐，上升趨勢持續機率更大

平台支撐位被長黑線跌破，趨勢反轉機率更大

▲ 圖 3-20　上證指數 2019 年 1 月至 5 月走勢圖

3.6.2　整理平台無壓力

在上升趨勢中，特別是在升勢初期、股價累計漲幅不大的情況下，如果個股價格出現較長時間的橫向震盪，且上下波動幅度不大，這樣的平台一般被稱為整理平台。整理區可能是升勢中繼區，也可能是股價整體上漲動力不足的標誌，投資人此時應積極關注平台區的壓力位是否能被有效突破。

整理平台無壓力，是指：在整理區畫出一條水平的壓力線後，如果個股價格可以放量突破此線，則表示平台區壓力作用較小，多方動能較為充足，升勢有望繼續持續。

　　圖 3-21 為金地集團 2018 年 9 月至 2019 年 3 月走勢圖，股價
自低位區開始震盪向上，重心整體上移。隨後，在累計漲幅不大的
位置點橫向運行，這個橫向平台的上下波動幅度較小，屬於整理型
態。如圖標注，股價連續兩日放量上漲、強勢突破整理平台，此為
整理平台無壓力型態，是股價運行重拾升勢的訊號。

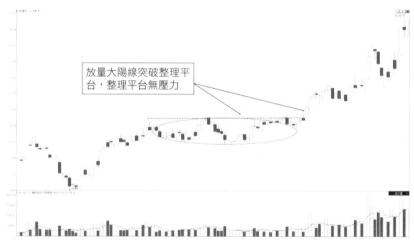

放量大陽線突破整理平
台，整理平台無壓力

▲ 圖 3-21　金地集團 2018 年 9 月至 2019 年 3 月走勢圖

3.6.3　整理平台無支撐

　　在下跌趨勢中，個股價格在累計跌幅較大的情況下橫向震盪，
且期間的上下波動幅度不大，此為整理平台。如果價格向下跌破平
台區下沿的支撐位，且隨後數日無法有效收復失地，則屬於整理平
台無支撐的運動型態。這表示空方力量依舊佔優勢，是跌勢仍很有
可能持續下去的訊號，雖然個股價格處於明顯的低位，但投資人此
時並不宜抄底入場。

　　圖 3-22 為三角輪胎 2017 年 2 月至 2018 年 2 月走勢圖，在低位區，此股價格出現長時間的橫向窄幅整理走勢，形成一個整理平台。但是，隨著整理走勢的持續，股價最終向下跌破這個平台的下沿支撐位，這預示新一輪探底走勢或將展開，投資人應注意規避中短線風險。

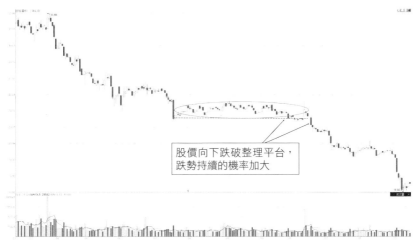

股價向下跌破整理平台，
跌勢持續的機率加大

▲ 圖 3-22　三角輪胎 2017 年 2 月至 2018 年 2 月走勢圖

3.6.4　低位平台無壓力

　　個股價格處於中長期的低位區，呈橫向震盪走勢，形成一個低位整理平台。如果股價隨後向上突破平台區的上沿壓力位，這是多方力量已開始明顯轉強、趨勢有望反轉上行的訊號。此時，投資人應關注個股的中短線機會。

　　圖 3-23 為哈藥股份 2018 年 9 月至 2019 年 4 月走勢圖，此股價格在低位區構築一個長期的整理平台，此時我們可依據平台型態

畫出一個相對水平的壓力線。隨後，股價向上突破了這個壓力線，
並相對穩健地運行於壓力線上方，這表示升勢或將出現，投資人應
關注上漲機會。

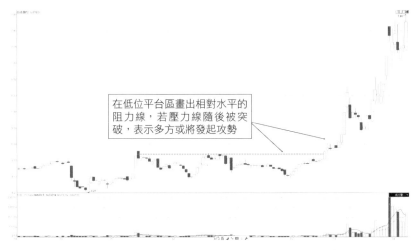

在低位平台區畫出相對水平的
阻力線，若壓力線隨後被突
破，表示多方或將發起攻勢

▲ 圖 3-23　哈藥股份 2018 年 9 月至 2019 年 4 月走勢圖

NOTE

第 4 章

【案例圖解】
牛市、熊市都有規則可循？
用經典案例告訴你

被劃分為兩種趨勢的市場行情

道氏理論是關於趨勢運行的理論，牛市與熊市這兩種特徵鮮明的市場運行方式及市場環境，在其中佔據核心地位。作為學習道氏理論的投資人，不僅要瞭解牛市與熊市的成因、具體情形，還要掌握基本的技術工具，來判斷所處的市場是牛市還是熊市。

不同的市況有不同交易策略。牛市中過於頻繁的短線操作，或是熊市中執著於績效而持股不動，都不是明智的交易方法。在本章中，我們結合道氏理論對於牛市、熊市的論述，借助經典的技術工具，來看看如何應對這兩種完全不同的市場格局。

任何一種理論都有核心思想，道氏理論的核心思想相對來說是比較容易理解的，也就是對於市場趨勢運行的揭示。而市場趨勢又具體分為牛市（即上升趨勢）與熊市（即下跌趨勢），雖然還存在橫向移動趨勢（即水平震盪），但嚴格來說，它並不是道氏理論所指的真正意義上的趨勢。可以說，**將市場運行劃分為牛市與熊市這兩種完全不同的格局，是我們理解、掌握道氏理論的關鍵。**

4.1.1　為什麼要劃分牛市 & 熊市？

　　牛市與熊市，道氏理論引入的這兩個詞語，早已被廣大投資人熟識。它們借助於兩種動物，形象地指示了兩種完全不同的市場運行方式。

　　牛的眼睛是向上望的，即望上不望下。除此之外，「牛」還有主動、上進的意思，因此它指上升趨勢；反之，熊的眼睛是望下不望上的，「熊」則有被動、受氣的意思，因此它指下跌趨勢。總的來說，牛市與熊市這兩個詞語形象、生動地刻畫了兩種完全不同的市場，也在一定程度上反映投資人的普遍心態。

　　那麼，道氏理論為何要將市場運行劃分為牛市與熊市呢？市場運行真的有一個大的方向，且要麼上升，要麼下降嗎？其實，這與道氏理論創立者查理斯・道對金融市場的深刻理解、對道瓊指數的長期研究密不可分。

　　首先，查理斯・道透過道瓊指數，有了可以量化分析市場運行軌跡的工具，市場的運行歷史以此反映在一張走勢圖上，一目了然。其次，多年的金融編輯、證券交易經驗，也開闊了查理斯・道的視野，提升其證券分析的能力。當然，最為重要的，還是本人的智慧超越了時代背景。

　　道氏理論之所以被稱為技術分析的鼻祖，這與其理論提出後經歷無數次的檢驗也密切相關，特別是漢密爾頓基於道氏理論研究，所發表的一些關於股市運行的預測性文章。由於這些文章準確性極高，且邏輯嚴謹，道氏理論得到極大的發展。漢密爾頓在 1902 ～ 1929 年，對道氏理論進行實驗與改善，並帶來定義明確且精準可靠的方法，來預測股票價格及經濟走勢。

　　道氏理論並不重視循環理論或是系統理論，而是以實用性為基

礎。對於道氏理論的研究基礎，漢密爾頓提出解釋，這或許能讓我們對道氏理論為何能成功揭示牛市與熊市，這兩種不同的市場運行規律，有更好的理解：道氏理論以實用性為基礎。該理論的假設源於人類的本性，成功會驅使人們驕縱，驕縱的結果就是後悔，及相應產生的沮喪。

正是由於人性，當市場出現明顯的賺錢效應後，才會不斷匯聚場外投資人。貪婪、驕傲的情緒佔據主流，熱烈的情緒也具有傳染性，從而使得場外資金源源不斷湧入，市場整體也能夠在較長時間內保持著上漲態勢，自然而然地就出現牛市。

反之，當市場賺錢效應消退，虧損盤不斷增多，投資人會陷入恐慌。此時，懷疑的情緒會不斷加強，從而導致市場資金匱乏，並使市場不斷下行，這就是熊市。

價格走勢非上即下，把這兩種走勢極端化就演變成牛市與熊市。雖然從市場情緒的角度，可以解釋牛市與熊市的出現，但這都是基於道氏理論揭示出牛市與熊市兩種不同市場格局之後的進一步理解，這也從另一個角度反映道氏理論的先見性。

4.1.2 非上升即下降，投資人避免猶豫不決

兩種趨勢代表兩種不同的市場運行方向，一個向上，一個向下。對於道氏理論來說，除了揭示出金融市場存在這兩種趨勢（牛市或熊市）外，還闡述了兩種趨勢的運行過程。

對於投資人來說，準確判斷市場處於何種趨勢更為重要。當市場處於牛市時，若投資人判斷當前只是反彈、整體將處於跌勢，則將錯失獲利的機會；反之，當市場處於熊市時，若投資人判斷當前只是回檔、整體將處於升勢，會因持股不動而套牢虧損。

　　市場運行處於非此即彼的狀態下，雖然期間也有一些趨勢不明的橫向波動，**但在大多數時間內，市場有非上升運動即下降運動此種特徵**。道氏理論的這一觀點，也打破投資人固有的思維方式。因為大多數投資人更著眼於短線波動，而短期走勢，甚至是可持續一段時間的中期走勢，在沒有明顯利多、利空消息刺激或題材助推的情況下，其運行方向大多為橫向。

　　如果投資人秉持「價格走勢很難打破橫向波動」這一觀念，那麼他們在操作上就會猶豫不決，在面對可能出現的風險時，就會疏於防範；而他們在面對可能出現的機會時，也將錯失佈局。

4.1.3　經濟週期與市場情緒有很大關係

　　在 1.4 節中，我們瞭解了宏觀經濟的週期運行規律。從經濟週期運行圖可以看出，即使對於宏觀經濟來說，它也是處於牛市與熊市交替的非升即降運行格局下。只不過經濟週期的時間線拉得極長，而上升週期的時間一般遠遠大於下降週期，從而使經濟週期的上下趨勢運行特徵，不是十分明顯。

　　對照來看，金融市場裡的非升即降的趨勢運行特徵，由於加入投資人情緒的助推及資金的逐利效應，常常出現大起大落。因此，在牛市與熊市的交替中，上下波動幅度往往極大，而且每一輪的趨勢執行時間也相對較短（相對於宏觀經濟面的變化而言）。

　　想更理解金融市場中的這種牛市與熊市的趨勢格局，結合經濟面波動來加以分析，是一種很好的方法。而且股市素有「經濟晴雨表」之稱，它反映市場的預期常常先於經濟面的改變而運行。

　　當宏觀經濟欣欣向榮時，企業獲利能力增強、大眾消費積極，從企業的投資生產到各個環節的加工製造，最後到終端消費者旺盛

的購買力，經濟整體呈上升趨勢。這一時期的各項經濟指標，如國內生產總值 GDP 的增速、消費者物價指數 CPI 的漲幅、貸款利率、國際市場匯率等指標，都保持在一個相對較好的狀態。（注：GDP 為 Gross Domestic Product 的縮寫，也就是國內生產總值。它是對一國（地區）經濟在核算期內所有常住單位生產的最終產品總量的度量，常常被看成顯示一個國家（地區）經濟狀況的重要指標，在宏觀經濟分析中佔有重要地位。）

　　在這種情況下，如果股票市場沒有同步反映經濟運行的成果，那麼時間久了就會形成一種累積效果。一旦其開始步入升勢，就會在經濟面優異的助推下出現大牛市行情。以 2007 年的大牛市格局來說，它的出現與之前若干年經濟的高速增長密不可分。

　　圖 4-1 為 2003～2007 年中國生產總值及增長速度示意圖，可以看到 GDP 呈現出穩步上升的態勢，且一直保持高速增長的態勢，年複合增速超過 10%。正是這種宏觀經濟面的良好，及人們對未來持續發展的預期，才催生 2006～2007 年的大牛市行情。

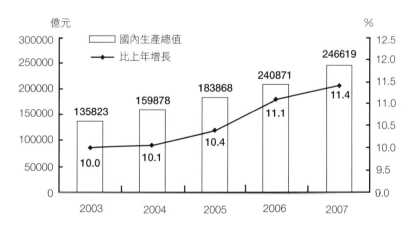

▲ 圖 4-1　2003~2007 年 GDP 增長速度示意圖

4.2 熊市中的交易策略 & 案例

當市場處於熊市時，我們要瞭解熊市的成因，去分析是宏觀經濟面引發的，還是因為市場人氣低迷導致的。不同成因下的熊市其持續時間往往也不同，這對於我們分配資金、著手佈局個股，有重要的指導意義。

4.2.1　什麼是熊市？

熊市，在技術分析領域一般被稱為下跌趨勢、空頭市場，我們都知道這是價格運動整體向下的一個過程。雖然期間會伴隨一些重要的反彈，打破這種整體下行的格局，但如果將時間線拉長就會發現：價格的重心呈現不斷向下的趨勢。

在早期的道氏理論中，漢密爾頓統計 1921 年之前的數據：「牛市的平均持續時間為 25 個月，而熊市的平均持續時間為 17 個月。」這表示，熊市的持續時間一般短於牛市。雖然這一統計數據不適用於所有股票市場，卻給我們一個提示：牛市的出現代表經濟不斷發展、前進，這是經濟主旋律，因此持續時間會較長；而熊市可以看作是對牛市的一種長期修正，因此持續時間相對較短。

道氏理論將熊市劃分為 3 個階段，這 3 個階段反映了牛市泡沫的破裂、企業獲利能力下滑，以及投資人在過度悲觀情緒下的不理智拋售行為。當 3 個階段結束後，股票價格往往處於明顯的低估狀態，這是典型的熊市末期階段。但市場處於這一階段並不意味價格即將反轉上行，這一階段的持續時間可長可短，既與大眾交易者的信心恢復情況有關，也與經濟面的轉變速度有關。

但不可否認的是，對於中長期投資人來說，在此期間可以積極挑選一些業績較好、成長潛力突出的個股進行佈局。因為對於這類個股來說，此時買入的中短線風險，遠遠小於其未來的收益率。

除了低迷的市場人氣、極低的股票價格（相對於前期的歷史高點而言），反映市場處於熊市之中的關鍵因素還有成交情況。對於股市整體而言，成交情況可以用「成交額」來表述；對於個股來說，成交情況則可以用「成交量」來表述。

熊市期間的成交額要比牛市期間少得多，且成交額曲線有緩慢下行的傾向。一旦市場跌幅較深，而價格走勢又有止跌跡象時，股市成交額曲線走平，往往也是熊市可能即將終結的一個訊號。

4.2.2　一張圖看懂牛市 vs. 熊市

在更詳細地講解牛市與熊市之前，我們可以經由回顧上證指數歷史走勢的方法，來瞭解牛熊市的運行格局。在中國股市的歷史上，起始於 2006 年、持續至 2007 年的大牛市，以及受 2008 年全球金融危機帶動的熊市最具代表性，呈現出來的牛熊市運行特徵也最為鮮明。

圖 4-2 為上證指數 2005 年 9 月至 2009 年 1 月走勢圖，這是一輪波瀾壯闊的牛熊市交替走勢格局。牛市起步於 2006 年，指數從

1000 多點開始經歷緩慢爬坡、震盪上揚、加速上攻等多個階段，最終達到 6124 點的歷史高點。

短短一兩年的過大漲幅也透支了企業成長空間，很顯然，業績的增速遠遠跟不上市場的上漲節奏，沒有合理的估值及業績支撐，牛市終將結束。只不過，這一輪牛市的結束正好遇上全球金融危機，市場快速積累的泡沫被刺穿後，股市也步入熊市階段。

牛市的上漲節奏越快、幅度越大，則隨後熊市的回落幅度往往也更大，兩者成正比。從圖 4-2 可以看到，2008 年的指數跌幅極大，幾乎跌去牛市成果的七八成，這也從另一角度反映牛熊市的本質：既然股票市場被看做是經濟的「晴雨表」，那麼，當市場在短期內過度偏離經濟面時，其隨後的修正力也是極強的。

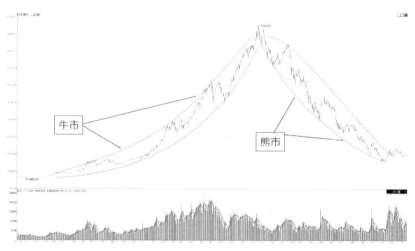

▲ 圖 4-2　上證指數 2005 年 9 月至 2009 年 1 月走勢圖

4.2.3 熊市形成的因素

熊市的開始多起源於市場泡沫不斷積累，隨著股票的估值狀態越來越高，市場的潛在買盤得到極大的消耗，進而很難將股價維持在高位。

而股市又是資金驅動的市場，投資人參與股市多是在財富效應下形成匯聚，一旦股市上漲乏力、財富效應大幅減弱，就會造成市場資金離多進少，而這種效應一旦出現就會很長時間持續下去，從而造成熊市持續。

除了泡沫因素外，宏觀經濟面的變化也是熊市持續的一個重要原因。由於股市是經濟變化的晴雨表，如果經濟較為低迷、企業多處於虧損狀態、人民消費意願較低，則股市也難有好的表現，多會長期處於低位徘徊中。如果此時的股市又恰處於前期大漲後的高位區，則隨後的下跌空間往往是極大的。

導致熊市出現的因素有很多，可能是經濟面的因素，也可能是資金面或政策面的因素。下面歸納了幾種可以解釋熊市形成的因素，以供參考。

1. 從經濟面來看

在經濟衰退和產生危機時，市場上產品滯銷、生產減少，企業獲利減少或者無獲利。則該企業股票可供分配的紅利少，其購買者就會減少，使股票的吸引力減弱，股票價格就會看跌，形成熊市。

2. 從資金面來看

利率上升、信貸緊縮，或是金融去槓桿，會導致市面上的流動資金減少。而股市是一個資金驅動的市場，沒有足夠的資金驅動，

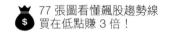
市場很難有好的表現，在財富效應明顯減弱的背景下，股票市場易進入熊市階段。

除此之外，利率的上揚會提高企業借貸成本、減少企業投資，使企業進入縮減規模的狀態，這是對企業的負面影響。對投資人來說同樣有影響，由於貸款成本提升、股市獲利弱化，還有可能迫使投資人拋售股票，促使股市下跌。

3. 從技術面來看

當市場上漲幅度過大，大量投資人一致看到壓力位，市場多空分歧明顯減弱後，人們會競相出售股票，股票狂瀉。而股價一旦形成破位，就會進一步強化技術分析者的看跌預期，從而形成一種下跌循環。

4. 從政策面來看

當市場上漲幅度較大、投資氛圍過濃並形成一定金融泡沫時，政府為保證資本市場的健康發展，也會實施一些措施來平抑市場的投資活動，如發佈風險提示、加強對違規交易及操縱股價行為的懲治力度、提升短線交易成本等等。除此之外，重大事件、金融政策也會深深影響到資本市場。

4.2.4　熊市的交易策略

熊市，我們可以將它看做一個以虧損為主的市場環境。在熊市中，如果投資人選的股票不好（如業績較差、負面新聞纏身的個股），則其價格很可能下跌不見底，累計跌幅極大；如果投資人選的入場時機不好（如在下跌趨勢中貿然入場），即使買入的是業績

較好的白馬股，也可能虧損累累。因此投資人在熊市期內投資時，選股、選擇的入場時機至關重要，二者缺一不可。

熊市是一個相對漫長的市場格局，在熊市沒有真正成形前，市場很可能正處於高位狂歡中，市場中的賺錢效應仍舊較強，每天都會有大量的個股漲停封板，題材股、各板塊輪番上攻。但如果此時的市場指數已上漲乏力，我們就要提防市場的整體性風險了。投資人此時應該控制好倉位，在中長線個股大幅獲利的情況下減倉，這樣既不至於錯失市場震盪中出現的短線獲利機會，也在很大程度上保存前期牛市的獲利成果。

當我們經由技術指標、技術分析，或者是市場估值狀態等因素，初步判定熊市即將出現時，最為穩妥的交易策略就是賣股離場。並且中長期地持幣觀望，直至跌勢末期出現較為明朗的見底跡象時，再擇機入場。可以說，**持幣觀望是熊市交易的核心要素，特別是當市場從高位開始陷入跌勢後**，由於熊市的持續時間及幅度往往極大，投資人過早地抄底入場將損失慘重。

持幣策略看似簡單，但實際操作起來卻比較困難，因為持幣意味著失去獲利機會。即使在熊市中還是有一些個股能夠逆市上揚，或者是市場存在階段性的反彈機會。但投資人容易過於自信而重倉參與，一旦以為自己的操作可以獨立於市場整體，就十分危險了，因為投資人往往過於低估市場的下跌程度。

且在短線被套後，大多數投資人，即使是短線投資人，對於停損操作也常顯得猶豫不決，從而造成短期淺套到中長期深套的過度。

當然，投資人對趨勢的判斷與分析，也是隨著市場運行不斷加強的，一旦發現大勢轉向，一般來說就不宜重倉持股了。就中長線策略來說，投資人此時並不宜持有；就短線來說，投資人如果看盤

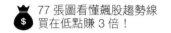

時間較為充足，也只宜小倉位參與。在市場走勢下傾的背景下，保護本金的安全才是最重要的，即使投資人可能要承擔一定的風險。

4.2.5　典型熊市操作案例

圖 4-3 為勝利精密 2016 年 8 月至 2018 年 7 月走勢圖，圖中標注的區域時間為 2017 年 11 月至 12 月，此時股價累計跌幅近 50%，且有止跌跡象，這會是中長線的抄底入場時機嗎？答案很顯然是否定的。

首先，此股價格的這一波下跌具有獨立性，是相對於市場整體走勢的一種補跌，而同期的市場運行也相對較弱。所以，股價一旦開始出現這種補跌，就意味著進入明確的下跌趨勢中。

其次，此股價格雖然此時已有 50% 左右的下跌幅度，但估值上並不具有優勢，從牛熊交替的整體運行格局來看，當前仍處於「半山腰」的狀態。下跌趨勢重質不重勢，在估值沒有優勢，且中長期來看仍處於明顯高位的狀態下，此區域（2017 年 11 月至 12 月）築底的機率不大，投資人不宜抄底入場。

最後，從 2018 年 1 月開始股市出現一波強勁的上揚後，如圖 4-4 所示，此股依舊沒有打破橫向震盪的運動格局。這表示該股此時資金流出佔據主導，抄底買盤力度極差。一旦股市在短線上揚後出現深幅回落，則此股打破盤整狀態、向下破位的機率也是極大的。

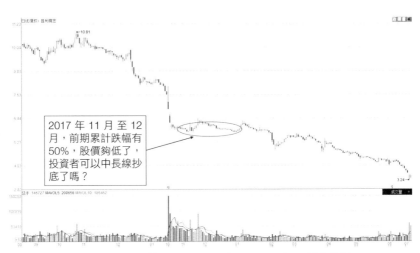

2017 年 11 月至 12 月，前期累計跌幅有 50%，股價夠低了，投資者可以中長線抄底了嗎？

▲ 圖 4-3 勝利精密 2016 年 8 月至 2018 年 7 月走勢圖

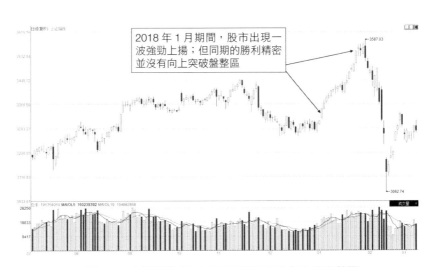

2018 年 1 月期間，股市出現一波強勁上揚；但同期的勝利精密並沒有向上突破盤整區

▲ 圖 4-4 上證指數 2017 年 7 月至 2018 年 3 月走勢圖

4.3 牛市中的交易策略 & 案例

　　與熊市截然相反的就是牛市，如果說熊市的主題是價值回歸、持股者多虧損，那麼牛市的主題就是前景展望、持股者多獲利。道氏理論對於牛市也做了論述，認為牛市的平均持續時間要長於熊市，這也是對股市整體向上運行的一種反映。本節中，我們將經由牛市的概念、成因、交易策略等角度，來進一步深入解讀牛市。

4.3.1　什麼是牛市？

　　牛市，在技術分析領域一般被稱為上升趨勢、多頭市場，這是價格運動整體向上的一個過程。雖然期間會伴隨一些重要的回檔，打破這種整體上行的格局，但如果將時間線拉長就會發現：價格的重心呈現不斷向上的趨勢。

　　道氏理論認為：「牛市的持續時間往往在兩年以上。在此期間，商業條件改善和投資活動增加，使投資購買股票的需求量不斷增加。基於這一原因，股票價格也會直線攀升。」

　　對於「牛市持續時間」的推論，可以說是一個重要內容，它可以有效指導投資人的交易活動。但是我們也應看到，這個時間只是

一種相對籠統的說法。如果牛市推動過程相對緩慢，有一個由緩到急的明顯過程，這個時間長度很具有參考價值。但如果股票市場的上漲節奏十分迅急，大多是源於資金推動的結果，則這個「兩年」的時間長度參考意義不大。

以 2015 年 A 股市場出現的牛市行情來看，這是典型的資金驅動性上漲，而且漲得快、漲得急。結合同期的市場訊息來看，這一波牛市上漲與資金槓桿的參與有關。隨後，因去槓桿、降配資等措施的實施，以及市場的明顯高估狀態等原因，這一波幅度極大的牛市行情也宣告結束。從牛市初步形成到行情正式轉向，持續僅一年。

談到牛市，它總是伴以行情的好轉，道氏理論特別指出：「牛市的第 1 階段受過一段時間驗證，才可與熊市的次級反彈運動區別開來。因而，任何關於熊市結束的論述，都必須涵蓋隨後牛市運動的開始。」

對於熊市來說，也有同樣的結論：「熊市的第 1 階段受過一段時間驗證，才可與牛市的次級回檔區別開來。因而，任何關於牛市結束的論述，都必須涵蓋隨後熊市的開始。」

正式介紹熊市與牛市之後，道氏理論這一關於牛市與熊市交替出現的思想，是值得我們重點關注的，表現在以下兩個方面。

1. 銜接牛市與熊市的「過渡整理階段」，其持續時間一般不會太長。

2. 這個過渡整理階段在熊市末期，一般會被歸入「牛市第 1 階段」，由於前期的熊市效應仍在，此時的止跌走勢仍在持續，大部分投資人不會意識到牛市的出現。反之，在牛市末期，這個過渡整理階段一般會被歸入「熊市第一階段」，由於前期的牛市效應仍在，

此時的持續回落走勢仍在持續，大部分投資人並不會意識到熊市的出現。

除此之外，道氏理論提及的此部分，還隱含過渡整理階段的走勢具有相對獨立的運動特點，這就需要技術分析者進一步挖掘了。

與熊市的劃分方法類似，道氏理論將牛市也劃分為 3 個階段。這 3 個階段反映了熊市後的價值回歸、企業獲利的改善、市場泡沫形成與擴大。當 3 個階段結束後，股票價格往往處於明顯的高估狀態，這是典型的牛市末期階段。

但市場處於這一階段，並不意味價格即將反轉下行，這一階段的持續時間可長可短。一般來說，價格相對緩慢的上漲狀態下，泡沫的持續性更強。而高位區再度出現的急速上漲，則常因「物極必反」的原理加速泡沫破裂，從而導致牛市過早結束。

4.3.2　牛市形成的因素

牛市多起源於市場處於明顯的低估狀態，此時利空消息已釋放得較為充分，經濟面也開始好轉（或者是經濟預期開始看好），持股者大多處於被套狀態。由於股價在低位，賣出意願較低，而隨著市場的止跌，一部分場外資金率先察覺到機會，從而悄悄買入佈局，多空力量整體對比格局開始發生變化，進而累積了多方力量，牛市格局也在形成之中。

牛市的出現既有經濟面的因素，也是資金驅動的結果。牛市與熊市的交替，呈現了市場中的財富轉移。由於人性的貪婪與恐慌，這種循環會一直持續下去。而對於投資人來說，要想成功捕捉牛市，僅理解牛熊交替的循環是不夠的，還應該能在身處市場時保持

冷靜頭腦和理性態度，並且能夠借助於多種因素，來分析市場的牛熊變化。

上一節中，我們提及幾種可能導致熊市出現及持續的因素，本節中，我們再來看看有哪些因素可以預測牛市的出現。正確、全面地理解這些因素，對於我們分析、判斷牛市的出現，有重要的實盤指導意義。

1. 從經濟面來看

在經濟處於景氣週期時，企業會加大投資、產品暢銷、獲利增厚。此時，企業的業績明顯提升，行業多處於景氣週期下。反映到上市公司身上，就是營收、利潤的齊增長，這會使市場上的股票更有吸引力，估值狀態更合理，甚至出現明顯的低估（相對於個股的歷史估值狀態而言）。

如果此時市場處於中長期的低位區，且市場整體低估，則經濟層面的看好很容易引發股票市場上的牛市行情。但就一般情況來說，由於股市的走向往往領先於經濟層面，因此在股市本身已處於上升通道中時，良好經濟面因素可以成為牛市持續前進的助推劑。

2. 從資金面來看

利率下降、信貸寬鬆，或是入市資金源增加，都會促使市面上的流動資金更為充裕。而股市是一個資金驅動的市場，由於後續入場的資金更為充足，就更能推升股市整體性上漲，進而形成牛市。廣大投資人也有這樣的傾向，如果銀行等定期收益過低，而股市又具有估值吸引力，投資人則會有將更多資金投入股市的意向。

3. 從技術面來看

在市場大幅度下跌過後，若大量投資人一致看到支撐位，且此時市場多空分歧明顯減弱，則持股者拋售意願大幅下降，而抄底入場盤則明顯增多。這可以形成技術上的支撐，一旦支撐位獲得時間與空間的確認後，大多數技術分析者的入場意願增加，進而形成推升市場總體向上的動力。

4. 從政策面來看

市場下跌幅度較大、成交低迷不利於資本市場的健康發展。為了活躍市場、更加發揮股市融資等功能，多會有一些利多資本市場的相關政策。如果此時的股市處於低位區，且市場整體相對低估，將有利於股市築底成功，為隨後的牛市開啟打下基礎。

4.3.3　牛市的交易策略

在牛市行情中，大多數個股價格會隨著市場上行而同步上漲，只要不買那些有明顯利空消息的個股，投資人持股獲利的機率還是極大的。在升勢中，最好的策略之一就是持股待漲，且投資人要有足夠的耐心，不能因為已有一定獲利幅度就過早賣出離場。

但是，想要在獲利的狀態下耐心持股，並不是一件容易的事。據一項不完全統計，大多數散戶投資人在嚴重被套的情況下，更容易出現鎖倉、持股的行為。而一旦個股出現 30% 以上的獲利回報，在擔心利潤消失的心態下，他們往往有較強的賣出意願，並明顯增加看盤時間，且常常會因為沒能把握住最佳離場時機，導致利潤縮水而懊悔。

其實，股價的波動也同步影響投資人的心理，大多數投資人往

往過於關注帳戶的盈虧情況，而忽略個股價格及市場的真正運行情況。事實上，市場並不會關注你的買入價、成本價，它的運行取決於多空雙方力量的變化，而這種資訊需投資人理性、客觀分析盤面型態才能得到。

在牛市中，一旦個股走強且明顯強於大盤，這樣的個股可以稱為強勢股，即使它中短線內出現 30%、甚至 50% 的價格漲幅，但這並非其上升行情結束的依據。經由對個股價格走勢的統計，我們可以發現，一旦個股價格步入明確的上升走勢，且有大盤同步上揚配合，這些個股價格出現一兩倍漲幅、甚至幾倍漲停的情況都十分常見。投資人過早賣出無疑會踏空牛市行情，而且嚴重影響交易情緒，不利於投資人隨後繼續展開交易。

那麼，當我們發現個股價格與市場同步上揚，牛市特徵十分明顯時，應在什麼時候拋售個股呢？其實個股的築頂走勢與築底走勢一樣，若非短期內出現明顯的利空因素（可能是市場整體性的利空因素，也可能是個股突遇黑天鵝事件），個股價格在見頂後往往都會有一個明顯的築頂過程，這就是道氏理論提及的「趨勢反轉時將發出明確訊號」。此時，我們再依據反轉訊號進行中長線離場的操作，才是更為明智的策略。

4.3.4　典型牛市操作案例

圖 4-5 為唐人神 2018 年 11 月 9 日至 2019 年 3 月 1 日走勢圖，圖中疊加了同期的上證指數走勢。對比可以看出，在指數橫向震盪、甚至略有走低的背景下，此股價格在緩緩攀升，具有一定的獨立性。結合此股價格當時正處於中長期的低位區來看，這是場外資金積極入場的訊號，此股具備了築底的型態特徵。

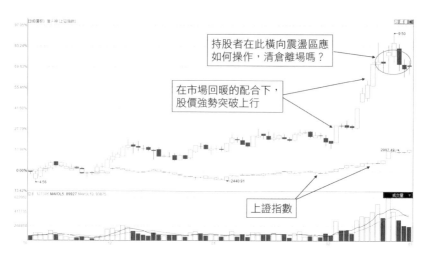

持股者在此橫向震盪區應如何操作，清倉離場嗎？

在市場回暖的配合下，股價強勢突破上行

上證指數

▲ 圖 4-5　唐人神 2018 年 11 月 9 日至 2019 年 3 月 1 日走勢圖

　　隨後，在市場走勢明顯回暖、指數上揚的背景下，此股於 2019 年 2 月強勢啟動、突破上行，上漲走勢十分淩厲，這是典型的牛市股運行型態。

　　一波上漲後，此股價格的漲幅超過 50%，開盤橫向震盪，此時持股者需要獲利賣出嗎？這就要運用牛市思維來分析了。

　　首先，從此股價格走勢來說，資金驅動力度較大、強勢特徵明顯，使其處於牛市中的加速上揚階段，而突破築底階段後股價僅有一波強勢上攻。很顯然，基於牛市股的持續力度來看，多方力量仍有待釋放，對於中長線持股者來說，雖然此時已獲利較豐，卻仍可持股待漲。

　　其次，從此股的基本面、題材面分析，此股屬於題材股、有業績支撐，整個行業板塊十分強勢。市場普遍預期這一行業正處於上升週期，而此股價格的走向就是基於這種預期，在預期看好的推動下，仍有望繼續上漲。

最後，從市場環境來看，此時的股市處於回暖期，突破上行勢頭剛剛露出，未來有較為充分的上升空間。基於市場整體走好的配合，股價此時處在一波上漲後的高點，雖然面臨一定的短線回落風險，但中長線持續上漲仍有很高的機率。

基於以上的綜合分析，對於中長線持股者來說，在已獲利較豐的情況下，少量減倉、鎖定利潤是可行的，因為減倉後騰出的部分資金可以繼續挖掘其他未強勢上漲的潛力股。但如果清倉離場、持幣觀望則不可取，易出現踏空風險。

圖 4-6 標示此股 2019 年 3 月 1 日之後的股價走勢情況，可以看到，此股價格隨後出現一波急速上漲，最後才於高位區轉變為上漲節奏放緩、震盪攀升的運動方式，這才是築頂的訊號。對於中長線持股者來說，可逢震盪上衝之機賣出離場。

▲ 圖 4-6　唐人神 2019 年 1 月至 2019 年 5 月走勢圖

波浪理論出現，
告訴我們趨勢運行的細節

　　牛市與熊市都是基本趨勢，它們的出現及持續是一個相對漫長的過程。趨勢是金融市場的規律，就如同潮汐是自然規律一樣。但潮汐無疑是一種相對宏觀的概括方式，道氏理論雖然揭示趨勢運行的基本規律及特徵，但沒有詳細論述趨勢運行細節。其對於趨勢 3 個階段的劃分方法，也只是相對籠統的表述，而波浪理論則彌補了這一不足。

4.4.1　重要性僅次於道氏理論

　　繼道氏理論之後，美國證券分析家拉爾夫‧納爾遜‧艾略特（Ralph Nelson Elliott）於 20 世紀 30 年代創造了一種技術分析理論——波浪理論（Wave Principle）。在研究道瓊工業指數走勢後，艾略特發現股市的走勢呈現出一種「自然的韻律」，形態就如同大海中此起彼伏的波浪。經過系統性地總結，他提出一種全新的型態類理論——波浪理論。

　　艾略特認為：股票的價格與大自然的潮汐、波浪一樣，呈現出一種周而復始的波浪形運動方式，這種運動方式是一種「可識別的

模式」。波浪理論是對道氏理論的進一步發展，對於我們進一步理解趨勢、掌握趨勢也有重要的指導意義。如果說道氏理論告訴人們何為大海中的潮汐，而波浪理論則指導人們如何在大海上衝浪。

值得一提的是，在所有的技術分析理論中，道氏理論堪稱鼻祖，而波浪理論次之，它們都在闡述金融市場中的趨勢，兩者互為前後、互為補充。波浪理論的重要性、所受的關注度，可以說是僅次於道氏理論。波浪理論在技術分析中的地位舉足輕重，這也是我們為何要單獨講解它的一個重要原因。

4.4.2　波浪理論的前提有 3 個

道氏理論是一個有系統、完善的理論，它有著理論所依據的前提假設。這種嚴謹的論述方法同樣被應用於波浪理論，而波浪理論更進一步，艾略特幾乎是以自然科學的方法來進行研究的。

雖然金融市場是由眾多投資人參與的市場，而投資人的情緒又往往起伏不定，但艾略特的研究方法卻十分嚴謹。雖然這種模式有待商榷，畢竟金融理論與自然科學理論分屬於完全不同的領域，將自然科學的研究方法套用在股票市場中，難免有生搬硬套之嫌。但這也客觀地說明了波浪理論並不是一種隨意的理論，它經得起推敲與驗證。

為了使波浪理論更趨於系統化，艾略特提出 3 條假設以支撐自己的理論。

1. 人類社會是永遠向前發展的。這一假設指出，人類社會在經濟、金融等各個領域，都是整體向上發展的。而此假設應用於波浪理論中，就是指股市的走向是以波浪運動的方式曲折向上的。

2. 人類社會的行為可以經由特定的型態表現出來，並且這些型態是可以被認知的。型態（Patterns）是波浪理論的重點，這裡所說的型態是一種相對抽象的運動模式，它是被揭示的對象，並不是被創造出來的，就如同道氏理論將趨勢看作是被揭示的對象一樣。型態是客觀存在且可以被識別的，可以說，波浪理論就是建立在型態基礎之上的，闡述的就是價格運行的型態。

3. 市場反映了群體行為。這條假設使波浪理論可以應用到股市的預測中。

波浪理論以這 3 條假設為根基，就有了堅實的理論基礎。投資人借助波浪理論揭示的各種價格運行型態，也就可以更確實地識別趨勢、掌握趨勢了。

4.4.3 波浪理論的核心──股市運行有自然規律

不管股票市場還是期貨市場的價格波動，在波浪理論範疇中，它們都與大自然的潮汐、波浪一樣，一浪跟著一浪，周而復始。其具有相當程度的規律性，並展現出週期循環的特點，任何波動均有跡可循。

基於這一觀點，艾略特提出市場的 13 種型態，這些型態重複出現，但是出現的時間間隔及幅度大小，並不一定具有再現性。而後他又發現這些結構性型態的圖形，可以連接起來形成同樣型態的更大的圖形。他用一種演繹的方法來解釋市場行為，並特別強調波動原理的預測價值，這就是波浪理論的核心。

波浪理論建立在大量經驗與研究之上，是對金融市場客觀運行規律的一種揭示。其核心內容是：股票市場的運行方式，就如同自

然界中的潮漲潮落一般，是有自然規律可循的。而「五升三降」的八浪循環方式，則是波浪理論的具體表現，這種循環方式的主要特徵如下。

1. 多頭市場與空頭市場是交替出現的。
2. 一個完整的升勢與跌勢，呈現出「五升三降」的運行模式。在五升三降的波浪式運動過程中，推動浪和調整浪是兩種最基本的型態：推動浪與基本趨勢的運行方向一致，調整浪則與基本趨勢的運行方向相反。
3. 在一個八浪循環結束後，市場進入下一個八浪循環走勢中。
4. 時間的長短不會改變波浪的型態，因為市場仍會依照其基本型態發展。波浪可以拉長，也可以縮短，但其基本型態永恆不變。

4.4.4　以八浪為循環

八浪循環可以說是波浪理論的核心內容，那麼，它的具體運行結構如何呢？如圖 4-7 所標示，這 8 個浪各有特點。

● 第 1 浪、第 2 浪相對來說較為溫和，它們可對應道氏理論中提及的多頭市場築底階段，也就是多方力量積累的第 1 個階段。
● 第 3 浪是升勢的主升浪，這是升勢中最凌厲、漲幅最大的一浪；第 4 浪屬回檔整理浪。這兩浪可對應於多頭市場的持續上揚階段，也就是多頭市場的核心階段。
● 第 5 浪可以看做再度拉升浪，是市場見頂的訊號，可對應於多頭市場的探頂階段。
● 第 a 浪、第 b 浪屬於跌勢的預演階段，較為溫和，可對應於

空頭市場的築頂階段，也就是空方力量積累的第 1 個階段。

　　• 第 c 浪是跌勢中的主跌浪，這一浪的下跌速度最快、跌幅最大。

　　由於波浪理論關注於八浪整體向上的結構模式，因此代表空頭市場的下跌浪，比多頭市場的上漲浪減少一浪。這一浪可以說涵蓋了空頭市場的兩個階段：持續下行與探底，因此它的結構往往也較為複雜。

　　很明顯，波浪理論將市場的趨勢運行方式進行更細緻的刻畫，它的刻畫方式就是波浪。雖然八浪循環的結構看似簡單，但這仍只是一個相對抽象的模型。在市場實際運行中，由於大浪套小浪、小浪套細浪，投資人往往很難正確判斷出當前市場處於哪一浪，這也是波浪理論的複雜之處。

　　但市場運行本身就是十分複雜的，從這個角度來看，波浪理論首先將運動模式複雜的市場進行抽象化，這更容易讓投資人看清大勢、看清結構，這種化繁為簡的分析方法還是值得關注的。

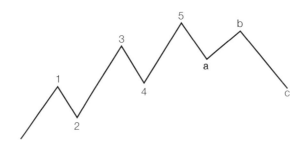

▲ 圖 4-7　八浪循環結構示意圖

4.4.5　數浪規則有 4 條

市場的真實運行並不是清晰的八浪，因為大浪套小浪、小浪套細浪，想要準確判斷出趨勢目前正處於哪一浪，並不是一件容易的事。為了解決這個問題，提高波浪理論的實用性，艾略特總結 4 條數浪（Wave Count）規則。

1. 浪的長度規則：第 3 浪永遠不允許是第 1 至第 5 浪中最短的一個浪。一般來說，第 3 浪會是前 5 浪中上漲持續時間最長、幅度最大的一浪。

2. 浪的回檔規則：第 4 浪的底應高於第 1 浪的頂。這一規則可以幫助我們分析股市當前是否已進入正式上漲階段，以及股市隨後還有多大的上漲空間。

3. 在一個完整的八浪循環過程中，同方向的兩個浪，簡單型態與複雜型態是交替出現的。例如：第 1 浪若是以簡單型態出現，則第 3 浪的構成往往相對複雜；第 2 浪若是以簡單型態出現，則第 4 浪的構成往往相對複雜。

4. 第 1、3、5 浪中只有一浪延長，其他兩浪的長度和執行時間相似。

4.4.6　波浪理論的操作案例

圖 4-8 為上證指數 2014 年 7 月至 2015 年 9 月走勢圖，這是一個大規模的牛熊交替週期。雖然持續時間並不長，但型態結構卻十分鮮明，對於理解波浪理論有一定幫助。但由於波浪理論的主觀性相對較強，本著探討的方法，我們一起來看看其波浪的運行方式。

首先是築底的第 1、2 兩浪，由於上漲節奏相對緩慢、累計漲幅不大，辨識起來比較容易。隨後，市場開始加速上行，上漲節奏明顯加快，這就來到了第 3 浪。期間指數出現橫向震盪，當指數再度突破後上漲勢頭依然強勁，整個第 3 浪有較為鮮明的量價齊升型態支撐，技術面上的特徵明顯。

當市場經過第 4 浪的短期回落並再度衝高時，可以發現指數的日內震盪幅度明顯加大，多空分歧十分劇烈，這提醒我們：多頭市場可能進入最後的第 5 浪，即探頂階段。

基於消息面及一些利空因素的影響，代表空頭市場出現的第 a浪，明顯強於波浪理論提出的八浪循環結構模型圖，這也是市場具體運行異於標準模型的表現。實盤中，我們一定要注意這種區別，否則很可能錯失賣出時機。如在八浪循環的標準模型中，a 浪的跌幅較小，b 浪反彈後的高點是一個較好的逢高離場時機，這個反彈高點與第 5 浪的頂部距離較近。

▲ 圖 4-8　上證指數 2014 年 7 月至 2015 年 9 月走勢圖

　　但在市場實際走勢中，如果高位築頂過程有利空消息，或是市場恐慌情緒較為明顯，則 a 浪的下跌就會較為迅急、力度較大。若投資人仍舊持股等待 b 浪反彈，可能會失掉牛市的大部分利潤，本例的情況就是如此。

　　基於波浪理論，隨後低點出現的反彈及整理代表著 b 浪的構築，但由於 c 浪仍未出現，此時投資人若中長線抄底入場有較大風險。隨後可以看到，指數再度破位向下，一波深幅下跌後形成 c 浪。但這個 c 浪的下跌幅度小於標準模型，這或許與 a 浪下跌幅度明顯大於標準型有關。

　　至此，整個運行模式正好吻合波浪理論提及的八浪運行模式。如果我們能完整理解並運用波浪理論，那麼，在面對股市的大起大落時，就能夠做到心中有數了。

4.4.7　投資人運用時的 2 個困難點

　　波浪理論雖然對趨勢運行做細節描述，但在運用時卻有一定的難度。波浪理論的最大爭議之處，在於對各浪的劃分。很多人認為它是一套主觀性很強的分析工具，運用波浪理論進行分析的投資人，往往會受到一個問題的困擾：一個浪是否已經完成而開始另外一個浪了呢？

　　雖然艾略特總結出了 4 條數浪的規則，但仍難以解決數浪主動性這個難題，也由此導致投資人在運用波浪理論時，很可能出現錯誤的判斷。

　　除此之外，我們也應注意到，在上下波動幅度較大的牛熊市格局下，五升三降的運行模式較有用武之地，因為在市場大起大落的情況下，易於畫出清晰的波浪型態。

但在很多時候，如果牛熊市的上下整體波動幅度不夠大，用這種五升三降的運行模式來刻畫股市運動，往往就會有生搬硬套之嫌。這時數浪的方式多是牽強附會，或是主觀臆斷，從而使波浪理論失去闡述股市運行型態的意義。

NOTE

第 5 章

【多空方向】
道氏理論結合均線，
抓住個股的「最佳買賣點」

5.1 均線的原理與計算

　　前面我們講解了道氏理論的核心內容，也說明牛市與熊市這兩種截然相反的市場環境，但對於實盤交易來說是遠遠不夠的。道氏理論指出趨勢運行規律，及闡述牛市與熊市的特點，但這些只是分析預判市場的理論基礎，並非行之有效的技術分析工具、分析方法。從本章開始，我們將進入道氏理論的實戰環節，看看如何利用這些工具更完整地分析、預測趨勢，如何更準確地掌握買賣時機。

　　移動平均線是最重要的趨勢分析工具，使用方法簡單，型態直接、清晰，能夠準確反映趨勢運行狀態，是技術分析者必備的工具。此外，移動平均線也是許多技術指標的設計依據，很多指標都是建立在它的基礎之上。我們若能深入理解這一指標，就更能運用並掌握其他指標。

　　移動平均線（Moving Average，MA），簡稱均線，是以道瓊的平均成本概念為理論基礎，採用統計學中移動平均的原理，將一段時期內的股票價格平均值連成曲線，用來顯示股價的歷史波動情況。它能直接清晰地反映出市場平均持倉成本的變化，進而反映股價指數發展的技術分析方法，是道氏理論的形象化表述。

5.1.1　均線的原理

趨勢的運行及延續，取決於多空力量的整體對比情況，而這可以經由兩方面呈現：一是市場平均持倉成本及變化情況，它可以呈現當前市場的多空對比情況；二是後續買賣盤的進出力度，這決定了趨勢的延續情況。移動平均線經由呈現市場平均持倉成本變化，來反映市場多空力量的對比情況，即判斷處於均衡狀態還是處於強弱分明狀態，進而反映趨勢運行情況。

由於多空力量的整體對比格局一旦形成，中短期內就很難扭轉。當市場平均持倉成本出現下降，而股價卻快速上揚時，這種非理性的上漲往往是由少數追漲盤導致的，是上漲基礎不堅實的訊號，股價隨後還會回落下來。

反之，當市場平均持倉開始逐步上揚時，股價卻在短期向下大幅跌落，這種快速的下跌，多是源於少量的非理性賣壓盤導致的，股價隨後仍會上漲回來。市場持倉成本的變化情況，對於價格的整體趨勢運行非常關鍵，因此移動平均線能夠很貼切地反映趨勢運行狀態。

5.1.2　均線的計算方法

移動平均線的計算方法也十分簡單。它以每個交易日的收盤價 Cn 來近似代表市場當日的平均成本；再根據相應的計算週期 n，對最近 n 日的收盤價進行算術平均，以此來得到這一時間週期內的平均持倉成本的數值。

下面我們以 5 個交易日作為計算週期，來看看移動平均線的計算方法。其中，以 Cn 來代表第 n 日的收盤價，以 MA5（n）代表

在第 n 日計算所得的 5 日移動平均值：

$$MA5（n）=（Cn+Cn\text{-}1+Cn\text{-}2+Cn\text{-}3+Cn\text{-}4）\div 5$$

　　將每個交易日計算得到的數值連成平滑曲線，就得到我們經常見到的 5 日移動平均線（計算週期為 5 個交易日），即 MA5。MA5 的時間週期相對較短，一般將其稱為短期均線。

　　除此之外，常用的均線還有 MA10、MA20、MA30、MA60。其中，20 日均線 MA20 的時間週期不長不短，既可以反映價格走勢的中短期波動情況，也可以反映價格的整體走向（即趨勢運行方向），常常被看作是價格走勢的生命線。

　　這些時間週期長短不一的多根均線，就構成了一個均線系統。在實盤操作中，我們可以利用均線系統的排列型態、均線之間的位置關係來辨識、掌握趨勢。

5.2 用均線辨識牛市格局

　　牛市格局與熊市格局都有鮮明的市場運動特徵，可以透過均線的多頭排列型態或空頭排列型態得以呈現。本節中，我們先介紹均線的多頭與空頭型態特徵，再結合價格的具體波動運行情況，來看看如何應用均線組合型態的變化，來掌握牛市運行。

5.2.1　多空頭排列＆牛市熊市的關係

　　移動平均線可以呈現市場的平均持續成本。如果價格運行於移動平均線上方，表示市場買盤（需求）較多，市場平均持倉成本位置，對市價形成良好的支撐，是行情看好的標誌。

　　週期較短的移動平均線，反映短期內的市場平均持倉成本情況，因此，它僅指短期內的市場多空雙方情況；中長期移動平均線，則反映時間跨度較長的一段時間內的市場平均持倉成本情況，能展現市場整體走勢。

　　當多頭市場出現後，由於市場整體向上、買盤充足，後入場的投資人持倉成本會高於前期先入場者，即誰先入場誰獲利越豐厚。這反映在週期長短不一的均線系統上，就是：週期相對較短的均

線，運行於週期相對較長的均線上方，整個均線系統呈向上發散狀態，價格在均線的有力支撐下逐漸上移。

多頭排列型態，是多方力量整體佔優勢的重要標誌。但是，基於價格走勢的波動性及市場運行的不確定性，為了更能把握機會、規避風險，在利用均線的多頭排列型態時，也要結合股價所處的位置點、個股估值等因素。而此當均線的多頭型態特徵鮮明時，此時的股價多處於短線高點，有短線回檔的壓力。實盤操作中，投資人還需要結合具體的情形選擇入場時機，避免陷入短期買入後即被套牢的不利局面。

與多頭市場的特徵正好相反，如果價格運行於移動平均線的下方，這說明市場賣盤（供給）較多，市場平均持倉成本所在位置可以對市價形成壓制，是行情看淡的標誌。

當空頭市場出現後，由於市場整體向下、買盤稀少、賣壓持續，後入場的投資人持倉成本會低於前期先入場者，即誰先入場誰成本越高。這反映在週期長短不一的均線系統上，就是：週期相對較短的均線，運行於週期相對較長的均線下方，整個均線系統呈向下發散狀態，價格在均線的持續壓制下逐漸下行。

移動平均線系統的空頭排列型態，是市場處於空方主導的重要標誌之一，也是我們識別熊市的重要依據。但在實盤操作中，投資人仍需要結合價格的整體走勢、估值情況等因素，來利用均線的這種排列型態。

圖 5-1 為移動平均線多頭排列與空頭排列示意圖，圖中的 5 根均線分別為 MA5、MA10、MA20、MA30、MA60。圖中左側為多頭排列組合，這是一種向上發散、相對短期均線運行於相對長期均線上方的組合型態；圖中右側為空頭排列組合，這是一種向下發散、相對短期均線運行於相對長期均線下方的組合型態。

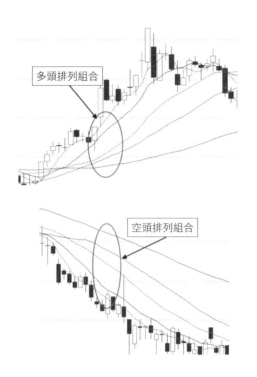

▲ 圖 5-1　移動平均線多頭排列與空頭排列示意圖

5.2.2　低位區 MA60 出現回升

　　MA60 代表市場的中長期平均持倉成本，它也呈現了價格運行的大方向。一般來說，在持續運行的多頭市場或空頭市場，我們會看到 MA60 始終沿著基本趨勢的方向延伸，即使期間有整理、震盪，或次級折返走勢，但由於這只是相對短期的變化，並不會影響 MA60 的延伸方向。依據 MA60 穩定的特性，結合價格所處的典型位置區，我們可以預測一輪趨勢是否會出現。

　　在前期的熊市持續下跌過程中，MA60 始終呈持續下行狀態。

隨著多空力量對比格局的變化，市場在低位區出現明顯分歧。如果此時的中長期均線 MA60 開始走平，則表示多方整體力量開始佔優勢。結合價格處於低位區來看，當前處於牛市築底階段的機率較大，中長線投資人可以積極逢短線回落買股佈局。

圖 5-2 為光明地產 2018 年 8 月至 2019 年 2 月走勢圖，此股價格在低位區出現長時間的橫向震盪。隨著震盪的持續，MA60 開始走平並上行，結合股價位置區間來看這是築底的訊號。中長線投資人可以適當參與、買股佈局，但也要注意控制倉位，並結合此股估值狀態來判斷築底成功的機率。

MA60 開始走平上移，股價趨勢有望反轉上行

▲ 圖 5-2　光明地產 2018 年 8 月至 2019 年 2 月走勢圖

5.2.3　低位空頭轉多頭排列

在低位區，個股價格先是下跌形成均線的標準空頭排列型態，隨後反向上漲並形成多頭排列。先空頭排列、再轉換成多頭排列，

這使個股價格短期內的上揚幅度較大。這種轉變也表現出多空力量的轉變，股價上升趨勢開始形成。但基於短線獲利賣壓的影響，當價格回測 MA60 均線時，是較好的回檔低買時機。

圖 5-3 為天孚通信 2018 年 3 月至 2019 年 4 月走勢圖，此股價格在低位區，先是因持續下行而呈現均線的標準空頭排列型態，隨後股價回升，均線呈纏繞型態。當股價再度上行，使均線開始呈標準多頭型態時，是升勢將出現的訊號。

但由於從均線空頭排列到多頭排列的時間較短，此股價格短期漲幅相對較大，這將形成較強的短線獲利賣壓，投資人此時不宜追漲入場。當股價經短線回檔至 MA60 附近時，是較好的中線佈局時機。

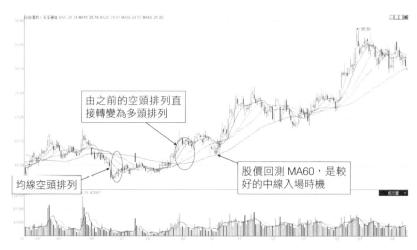

▲ 圖 5-3　天孚通信 2018 年 3 月至 2019 年 4 月走勢圖

5.2.4 震盪整理後多頭初現

當個股價格經歷長時間的橫向震盪，並向上突破震盪區後，若此時的均線組合露出多頭排列特徵，則表示多方力量開始佔據優勢，是升勢即將展開的訊號。實盤中，投資人可以結合股價突破時抓住入場時機。

如果短線突破較緩和、股價處於盤整區上沿位置，此時第一時間買入是一個較好的選擇。反之，如果在均線多頭型態露出後，股價此時的短線漲幅較大，則投資人宜短線回檔時再參與。

圖 5-4 為哈藥股份 2018 年 10 月至 2019 年 3 月走勢圖，低位區的長時間橫向震盪後，此股價格選擇向上突破。如圖中標注位置點，此時的均線露出多頭排列組合，這是多方力量佔據明顯主動、升勢即將展開的訊號。此時的股價短線漲幅較小，突破行情初露端倪，投資人可以第一時間買股入場。

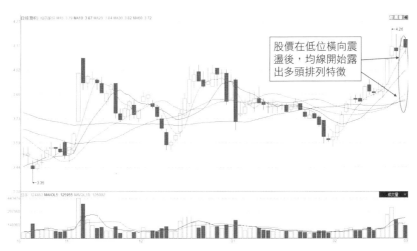

股價在低位橫向震盪後，均線開始露出多頭排列特徵

▲ 圖 5-4　哈藥股份 2018 年 10 月至 2019 年 3 月走勢圖

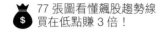
5.2.5　整理位多根均線黏合

在上升途中，均線呈鮮明的多頭排列型態，可是隨著股價漲勢放緩、震盪整理出現，多頭型態會被破壞，但這並不是多空力量轉變的標誌。如果個股價格短線回落或滯漲，而使短期均線向下靠攏，多根均線黏合在一起，大多代表升勢的整理階段，並不是離場訊號，中長線投資人仍可持股待漲。

圖 5-5 為三安光電 2017 年 3 月至 5 月走勢圖，此股價格在上升途中出現均線的黏合型態。雖然此時的多頭型態被破壞，但代表著趨勢總體走向的 MA60 仍在緩慢攀升，說明這種黏合型態並不是多空力量轉變的標誌。

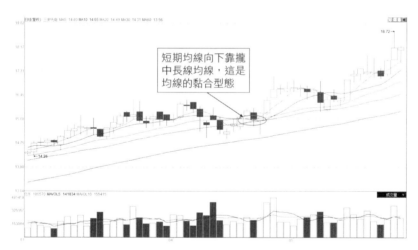

短期均線向下靠攏中長線均線，這是均線的黏合型態

▲ 圖 5-5　三安光電 2017 年 3 月至 5 月走勢圖

5.2.6 回落位的中長期支撐

升勢多呈現震盪向上的特徵，個股價格一波上揚的幅度高於隨後的回檔幅度，價格重心不斷上移。一般來說，個股價格的震盪上升節奏不同，有的以 MA30 為回檔支撐位，有的以 MA60 為回檔支撐位，而後者的上升節奏相對較慢。

只要個股價格在整體上揚過程中，能夠前後一致獲得相應均線的支撐，升勢的整體格局就沒有變化。反之，一旦均線支撐失效，而此時的個股價格又累計漲幅較大，則投資人應注意規避風險。

圖 5-6 為舍得酒業 2017 年 5 月至 12 月走勢圖，從此股價格開始步入上升趨勢後，就一直以 MA30 作為回檔時的重要支撐位，只要這個支撐位不失效，則升勢格局不變。但隨著累計漲幅加大，股價在高位區出現的一波深幅回落跌穿 MA30，此時以 MA60 為支撐，這表示多空分歧明顯加劇，升勢遇阻。持股者此時可逢隨後反彈之機減倉或清倉，以鎖定利潤。

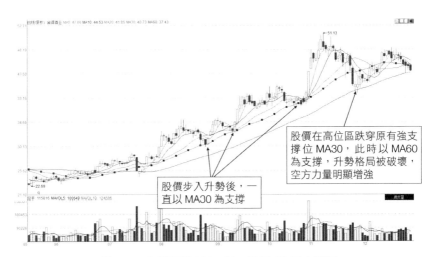

▲ 圖 5-6 舍得酒業 2017 年 5 月至 12 月走勢圖

5.3 ▶ 用均線辨識熊市格局

　　熊市運行格局下，均線的空頭排列組合是主要特徵之一，利用空頭組合型態的變化，並結合價格具體運行情況，更能規避熊市風險。本節中，我們來看看如何利用均線組合型態掌握熊市運行。

5.3.1　高位區 MA60 出現下滑

　　當個股價格在高位區出現橫向震盪滯漲後，若此時代表著中長期持倉成本的均線 MA60 開始走平、下移，表示空方力量開始佔優勢，熊市或將出現。

　　圖 5-7 為華東醫藥 2018 年 2 月至 8 月走勢圖，此股價格經歷了長期上漲後於高位橫向震盪。此時的趨勢運行狀態不明，但 MA60 仍保持向上傾斜的狀態，則整體趨勢依舊可以看漲。但隨著震盪的持續，圖中標注區域的 MA60 下滑明顯，這是趨勢或將轉向的訊號，持股者應注意規避高位轉勢的風險。

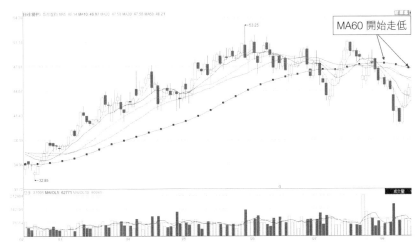

▲ 圖 5-7 華東醫藥 2018 年 2 月至 8 月走勢圖

5.3.2 高位震盪後的空頭排列

高位震盪後出現均線空頭排列，這意味空方力量明顯佔優勢，價格走勢或將步入持續下行階段，是風險的訊號。

圖 5-8 為艾比森 2016 年 6 月至 2017 年 5 月走勢圖，在高位區，此股價格走勢長時間的橫向震盪，使均線呈纏繞型態，這是多空力量相對均衡的標誌。但隨著震盪延續，多方或空方的力量對比格局將發生變化。如圖中標注的區域，此時股價下行導致均線排列為鮮明的空頭組合，這是空方開始佔優勢的標誌，也預示跌勢將展開。

實盤中，在個股沒有明顯利空消息的前提下，我們可以結合市場整體運行來把握賣出時機：如果同期大盤環境相對穩健，可以等個股價格反彈後賣出；如果同期市場走勢較弱，則應在第一時間賣出，以規避個股價格可能出現的加速下跌風險。

均線空頭排列組合

▲ 圖 5-8　艾比森 2016 年 6 月至 2017 年 5 月走勢圖

5.3.3　跳空缺口向下遠離均線系統

　　在趨勢運行不明朗，且多根均線交纏在一起的情況下，如果個股此時出現一個向下跳空的缺口，使股價有遠離均線系統的傾向，則表示空方力量突然增強，價格走勢或將加速向下，是短線風險的訊號。一般來說，這個缺口在開盤後很難回補，基於空方力量的強大，盤中再度走低的機率較大。操作中，持股者宜第一時間賣出以規避短線風險。

　　圖 5-9 為欣龍控股 2018 年 1 月至 5 月走勢圖，此股價格先是出現向上突破的走勢型態，但隨後急速反轉，股價上下波動較大，這種走勢一般與題材或是消息面因素有關。

　　我們可以基於缺口與均線系統的位置關係，來預測股價的中短期運行方向。此股的這個缺口向下遠離均線系統，預示中短期的方向或將向下，股價短期下跌風險大。

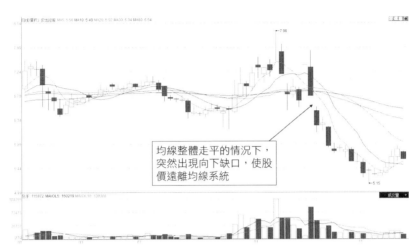

均線整體走平的情況下，突然出現向下缺口，使股價遠離均線系統

▲ 圖 5-9　欣龍控股 2018 年 1 月至 5 月走勢圖

5.3.4　止跌反彈位的黏合壓制

在下跌途中，個股價格橫向整理或反彈波段出現，會使原有下跌型態被破壞，均線空頭組合發生變化。但如果在整理或反彈過程中，出現短期均線向上靠攏中長期均線的黏合型態，或是遇到 MA60 的明顯阻擋，則表示空方力量依舊佔優勢，原有的趨勢運行格局並沒有出現逆轉，投資人不宜過早抄底入場。

圖 5-10 為長源電力 2017 年 8 月至 2018 年 2 月走勢圖，此股價格在下跌途中，多次出現短期均線向上靠攏 MA30 的黏合型態，但這只是下跌節奏放緩的標誌，並不是跌勢結束的訊號。中長線投資人要正確識別這種型態，避免過早抄底入場、陷入被動。

圖 5-11 為中通客車 2017 年 9 月至 2018 年 3 月走勢圖，此股價格先是橫向整理，使下跌途中的均線空頭排列被破壞，隨後股價出現反彈，但遇到 MA60 的壓制。這是多空力量未發生整體變化的

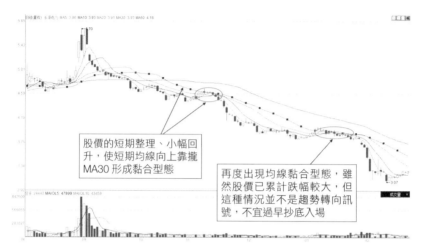

股價的短期整理、小幅回
升，使短期均線向上靠攏
MA30 形成黏合型態

再度出現均線黏合型態，雖
然股價已累計跌幅較大，但
這種情況並不是趨勢轉向訊
號，不宜過早抄底入場

▲ 圖 5-10　長源電力 2017 年 8 月至 2018 年 2 月走勢圖

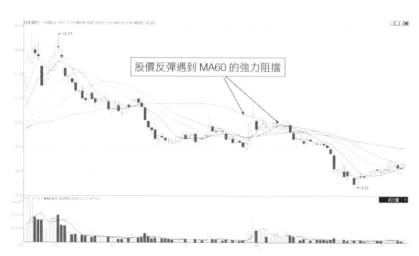

股價反彈遇到 MA60 的強力阻擋

▲ 圖 5-11　中通客車 2017 年 9 月至 2018 年 3 月走勢圖

標誌，預示股價反彈後或將再度步入下跌中。

　　值得注意的是，反彈之初股價強勢突破 MA60，但這個突破成果只維持一天，因此不能代表多方力量整體轉強，也不是跌勢結束的訊號。

5.3.5　突破型多頭深度回測 MA60

　　盤整後個股價格選擇向上突破，在短線漲幅較大的情況下，均線系統明顯呈向上發散的多頭排列型態，價格向上遠離 MA60。但如果此時的股價突然調轉向下，深幅調整，回測中長線期均線 MA60，則表示突破行情遇到強大壓力，突破上升行情或將結束，持股者宜逢反彈之機賣出。

　　圖 5-12 為花園生物 2017 年 11 月至 2018 年 7 月走勢圖，此股價格在長期盤整後選擇向上突破。但在短線漲幅較大、均線呈多頭

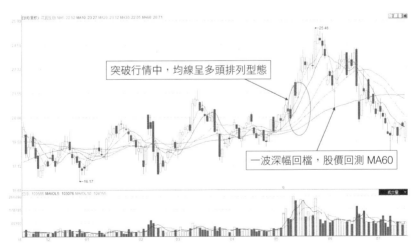

▲ 圖 5-12　花園生物 2017 年 11 月至 2018 年 7 月走勢圖

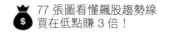

型態的情形下，股價卻開始持續回落並回測 MA60。這彰顯了短期
內空方賣壓沉重。

5.3.6　低位再現空頭排列的風險

　　中長期的低位震盪區，由於止跌格局的出現，投資人往往有較
強抄底意願。但低位震盪止跌不代表底部，如果在長期震盪後，出
現 MA60 下傾、均線組合再度呈空頭排列的情形，這往往是新一
輪尋底走勢將展開的訊號。已低位買入的投資人，應及時停損離
場，或嚴格控制倉位。

　　這種在低位止跌區再度出現的均線空頭排列組合，常見於沒有
業績支撐的個股。這類個股很難找出合理的估值，往往會隨著大盤
低迷而不斷向下探底。特別是對於一些有重大利空消息、連年虧損
的個股而言，其風險更大。

　　圖 5-13 為京天利 2015 年 12 月至 2017 年 2 月走勢圖，此股價
格經低位區長期震盪後，股價重心開始出現下滑。此時的 MA60
隨價格波動幅度縮窄，也出現向下傾斜，這是空方力量緩慢增強的
標誌。隨後，股價的一波小幅度下跌，使均線呈空頭排列，預示新
一輪下跌行情或將展開，投資人應注意規避風險。

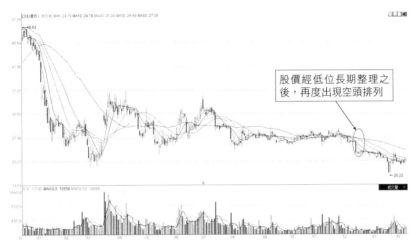

股價經低位長期整理之後，再度出現空頭排列

▲ 圖 5-13 京天利 2015 年 12 月至 2017 年 2 月走勢圖

5.4 用「生命線」MA20 預測中線交易時機

　　前面講解的均線多頭及空頭型態，雖然可以幫助我們掌握趨勢運行，但它們無疑不夠靈敏。特別是在趨勢轉向速度相對較快時，若等多頭或空頭組合型態出現，我們將錯失更好的買賣時機。

　　為此，MA20 均線有效彌補這一缺陷。**MA20 的時間週期介於短期均線 MA5 與中期均線 MA30 之間，它既不失靈敏性，也不失趨勢性**，被技術分析者看作是價格中期走向的「生命線」。在預測價格走向時結合 K 線整體運行方式，利用 K 線與 MA20 之間的位置關係變化，可以更及時掌握價格的中期走向。本節中，我們就來看看，如何利用 MA20 更準確掌握中線交易時機。

5.4.1　低位二度站穩 MA20 之上，走勢將有轉折

　　在中長期的低位區，如果個股價格兩次出現較長時間站於 MA20 上方的情形，這是多空力量轉變的標誌，預示中期走勢或將出現轉折。其中，價格第一次站穩於 MA20 上方，是多方力量中期內轉強的訊號；第二次站穩於 MA20 之上則是進一步確認，屬於驗證性訊號。

圖 5-14 為光明地產 2018 年 2 月至 2019 年 2 月走勢圖，此股價格在累計跌幅極大的低位區出現橫向震盪，第一波強勢反彈就使股價長時間站於 MA20 上方。但由於股價短線的上漲幅度較大、獲利賣壓較重，且個股沒有明顯的題材、利多消息支撐，從而股價在隨後的回檔中跌破 MA20。但這一波長時間站於 MA20 之上的反彈走勢，彰顯了多方力量明顯轉強。

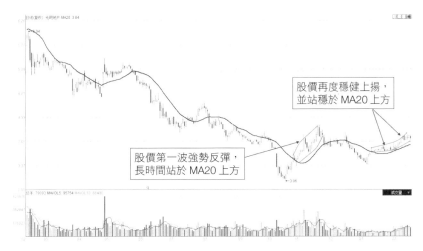

股價再度穩健上揚，並站穩於 MA20 上方

股價第一波強勢反彈，長時間站於 MA20 上方

▲ 圖 5-14 光明地產 2018 年 2 月至 2019 年 2 月走勢圖

隨後，股價自 MA20 下方再度回升，向上突破 MA20 並長時間站穩於其上方，這是對之前多方力量中期內轉強的一次確認，也是一個更為可靠的趨勢轉向訊號。由於股價在突破 MA20 時，上漲型態穩健、短線漲幅不大，因此投資人可以在識別出這種型態的第一時間，實施中線買入佈局。

5.4.2　強勢整理於 MA20 之上，依舊由多方主導

　　個股價格在整體震盪上揚的過程中，往往會多次出現時間或長或短的橫整或回檔走勢。一般來說，只要此時的 MA20 依舊保持上揚態勢，且股價未跌破 MA20，則表示中期走勢依舊向上，多方力量依舊佔據明顯主導地位。

　　圖 5-15 為安徽合力 2018 年 11 月至 2019 年 4 月走勢圖，在圖中標注的幾個時間段內，價格的短期波動都是帶有滯漲性的橫向整理，但股價卻並沒有回落至 MA20 下方。因此對於持股者來說，在中期操作上，仍可以耐心繼續持有。

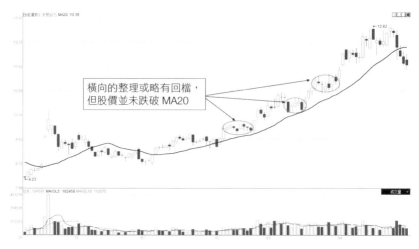

▲ 圖 5-15　安徽合力 2018 年 11 月至 2019 年 4 月走勢圖

5.4.3 升勢開始時跌破 MA20 的情況

個股價格自低位區開始啟動上行，此時的股價重心穩步上移，但短期高點的多空分歧加劇，導致股價一波回落跌至 MA20 下方。這說明股價目前正處於回檔下跌階段，隨後是否能再度步入上漲波段，此時難以判斷。

如果隨後個股價格開始向上突破 MA20，且連續多日站穩於 MA20 上方，則說明新一波上漲走勢即將展開，中期方向依舊向上，是較好的中短線入場時機。

圖 5-16 為神馬股份 2017 年 12 月至 2018 年 7 月走勢圖，此股價格先是在低位區持續上揚並站穩，持續時間長、力度較強，完全不同於下跌途中的短促性反彈行情。這是多方力量佔據主動的訊號，也是升勢出現的標誌之一。

但隨後的短線高點，股價卻大幅回落並跌破 MA20，此時趨勢

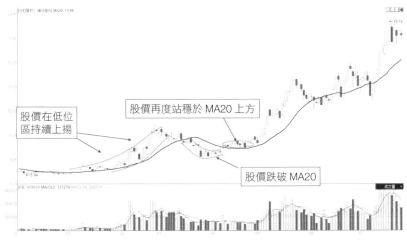

▲ 圖 5-16　神馬股份 2017 年 12 月至 2018 年 7 月走勢圖

運行不明朗，就中線交易來說，投資人應等待明確訊號出現。當價格走勢再度上揚並站穩於 MA20 之上後，中期方向再度向上，此時是一個較明確的中線入場時機。

5.4.4　弱勢震盪纏繞 MA20，空方佔優勢

橫向的震盪整理是趨勢運行不明朗的訊號之一，特別是股價下跌途中的橫向整理。此時，我們可以借助股價與 MA20 之間的位置關係來判斷。如果股價上下波動纏繞於 MA20，表示空方力量相對佔優，弱勢格局沒有發生明顯變化，並不是適合的中線入場時機。

圖 5-17 為湖南海利 2017 年 5 月至 2018 年 6 月走勢圖，雖然此股價每一次都在下跌後的低位區出現明顯的橫向止跌型態，但此時的股價卻無法站穩於 MA20 上方，始終是上下波動、纏繞於

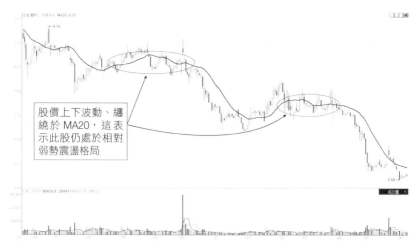

▲ 圖 5-17　湖南海利 2017 年 5 月至 2018 年 6 月走勢圖

MA20。這表示此股仍處於弱勢震盪格局中，股價隨後再度破位下行機率較大，並非中線買入時機。

5.4.5 持續回落跌破 MA20，即將開始下跌

若 MA20 處於整體上行的狀態，且此時個股價格前期累計漲幅相對較大，當前股價由一波上漲後的高點開始下跌整理，接著以一根大陰線向下跌破 MA20，並且在隨後兩個交易日內的收盤價均收於 MA20 的下方，這多預示一波中期下跌走勢即將展開，宜賣股離場。

圖 5-18 為鳳凰股份 2019 年 1 月至 4 月走勢圖，在此股價格穩健攀升的過程中，股價一直運行於 MA20 上方，這是多方力量佔優勢的標誌。但在高點的一波回落走勢中出現了變化，股價未遇支

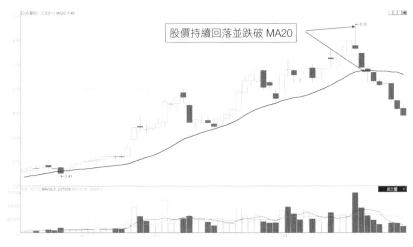

▲ 圖 5-18 鳳凰股份 2019 年 1 月至 4 月走勢圖

撐直接跌破 MA20。這表示多空力量對比已然發生轉變，中期走勢或將向下。由於此股價格累計漲幅較大，一旦發生中期走勢轉向，股價回落幅度往往較大，持股者宜在第一時間賣出。

還有一種型態與「持續回落跌破 MA20」相似，個股價格在高位區出現小幅回落、滯漲的型態，這使股價附著於 MA20。此時的 MA20 仍具有支撐性，但股價走勢也面臨方向選擇，如果隨後向下跌破 MA20，多表示中期方向將向下，是風險訊號。

圖 5-19 為天津港 2018 年 12 月至 2019 年 5 月走勢圖，此股在高位區，就出現這種股價先是附著於 MA20、但隨後向下跌破 MA20 的型態，這是中線賣出訊號。由於此股價格前期累計漲幅較大，持股者宜在第一時間賣出離場、規避風險。

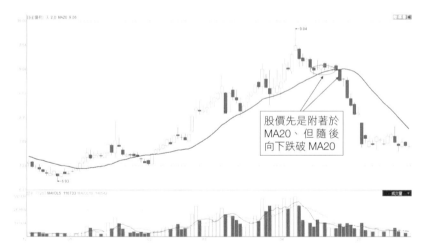

股價先是附著於 MA20、但隨後向下跌破 MA20

▲ 圖 5-19　天津港 2018 年 12 月至 2019 年 5 月走勢圖

5.5 用均線排列掌握急速轉勢

結合 K 線波動與特定的均線排列型態，同樣能夠確實掌握轉向速度較快的趨勢。本節中，就來學習能夠預示趨勢快速轉向、幫助我們第一時間做出中線交易決策的均線型態用法。

5.5.1 假空頭排列的強勢突破

假空頭排列類似於空頭排列組合，但並非是標準的「相對短期均線位於相對長期均線下方」排列方式。它常見於盤整走勢中，股價的上下波動，使價格時常跌落至均線系統下方。但跌勢的持續時間不長，均線系統並未調整到位，從而呈現出假空頭排列組合的現象。

經過較長時間的橫向震盪後，當這種均線排列型態出現在中長期低位區，或是個股價格累計漲幅較小的上升途中時，並不代表下跌趨勢即將出現。如果此時出現股價強勢上揚、快速突破整體均線系統，大多表示市場的上攻力量較強，一輪升勢正呼之欲出，是中線上升行情或將出現的訊號。

圖 5-20 為天和防務 2018 年 9 月至 2019 年 2 月走勢圖，經過

股價在低位區的長期震盪後，圖中出現假空頭的排列組合。隨後股價的一波強勢上揚突破均線系統，這是中線上升行情出現的訊號，也是趨勢由築底階段急速跳轉至快速上揚階段的一個訊號。

MA20 位於 MA60 與 MA30 之間，並非標準的空頭排列型態

▲ 圖 5-20　天和防務 2018 年 9 月至 2019 年 2 月走勢圖

5.5.2　快速多頭型態下的跌停板

個股因價格短期內的快速上揚，形成鮮明的多頭排列型態，這是升勢加速的訊號。但如果在短線高點突然出現跌停板，則表示這種上升節奏引發多空力量對比的急速轉變。一般來說，跌停板不僅是短線回檔的訊號，更是轉勢的訊號。

圖 5-21 為天目藥業 2019 年 4 月 2 日分時圖，此股價格短期內的上漲速度十分迅急，均線的多頭排列型態也十分鮮明。但在短線高點，股價向上遠離短期均線 MA5 的位置點，卻突然出現跌停板。

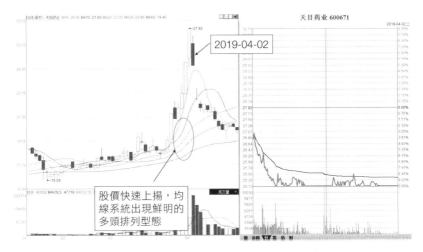

▲ 圖 5-21　天目藥業 2019 年 4 月 2 日分時圖

　　這不僅是一個危險的短線深幅回落訊號，也可以將其看作趨勢快速轉向的訊號，持股者宜第一時間賣出以規避風險。

5.5.3　高位空頭後的轉勢向上

　　個股若在價格中長期上漲後的相對高位區，出現長時間的橫向震盪，且隨著震盪持續而出現均線空頭型態，這是空方力量增強的訊號。但是，築頂常有一個反覆的過程，多空力量對比格局在沒有明顯利空，且大盤穩健的背景下，一般也不會在短時間內快速轉變。

　　此時，持股者可以少量減倉、鎖定利潤。但對於業績持續看好的白馬股來說，由於它們有業績支撐，且持股者多為中長期的機構投資人。因此我們可以關注多方力量是否能再度轉強，而股價能夠快速躍居均線系統上方，就是一種表現形式。

　　圖 5-22 為青島海爾 2017 年 4 月至 10 月走勢圖，此股因價格在高位區的震盪回落，出現均線系統的空頭排列組合，但持續時間並不長，且股價也沒有明顯的破位下行型態出現。

　　隨著價格走勢再度快速上揚，一個鮮明的向上跳空缺口，使股價再度站於均線系統之上。這是多方力量再度佔據主導地位的標誌，也是新一輪上升行情出現的訊號。

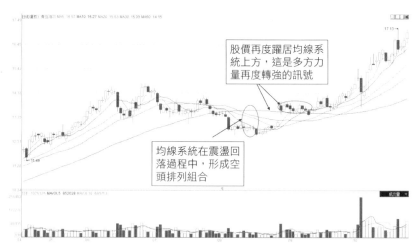

▲ 圖 5-22　青島海爾 2017 年 4 月至 10 月走勢圖

5.5.4　單日大陽線上穿均線系統

　　隨著震盪走勢的持續，股價的波動往往趨窄，多根均線相互靠攏，這是多空力量相對均衡的狀態，也是價格中期方向面臨選擇的訊號。如果此時出現了大陽線由下而上地上穿整個均線系統，則表示多方開始發力，這多預示一輪上升行情即將展開，是中線入場訊號之一。

　　圖 5-23 為山西汾酒 2018 年 11 月至 2019 年 3 月走勢圖，此股因價格橫向的窄幅整理走勢，使多根均線靠攏在一起，價格走向不明。隨後如圖中標注，一根大陽線由下至上穿越整個均線系統，這表示多方力量顯著增強，價格中期走向向上的機率較大，一波上升行情或將展開，是中期走勢向上的訊號。

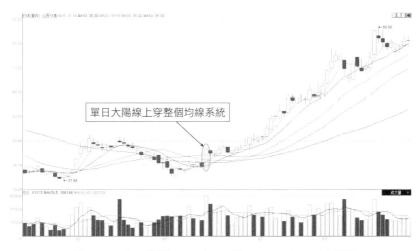

▲ 圖 5-23　山西汾酒 2018 年 11 月至 2019 年 3 月走勢圖

5.5.5　單日大陰線下穿均線系統

　　圖 5-24 為漢商集團 2017 年 12 月至 2018 年 7 月走勢圖，此時出現一根大陰線由上而下穿越整個均線系統的型態。這是中期內空方力量明顯增強、空方開始發力的訊號，預示著一波下降行情或將展開，而且股價中短期內的跌勢往往較為迅急。對於投資人來說，應把握第一賣出時機，並注意規避風險。

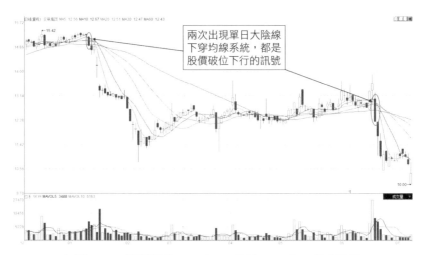

兩次出現單日大陰線
下穿均線系統，都是
股價破位下行的訊號

▲ 圖 5-24　漢商集團 2017 年 12 月至 2018 年 7 月走勢圖

NOTE

第 6 章

【算價訊號】
道氏理論結合 MACD，
波段交易必學的指標！

6.1 MACD 的原理與計算方法

　　除了移動平均線之外，一些經典的技術指標也可以能幫助我們辨識牛市與熊市。技術指標以交易中的一些盤面數據為參數（如開盤價、收盤價、成交量等等），依託於某種技術分析理論、技術理念，將其數學函數化、抽象化，進而以數字或函數曲線的方式，來反映市場的運行情況，指示多空力量的變化。依據指標線的型態特徵或指標值的變化，我們更能掌握買賣時機。

　　學多不如學精，好的技術工具更應熟練掌握。MACD 指標在趨勢分析、中短線交易中備受推崇，用法也十分豐富。在道氏理論中，次級趨勢雖然不影響基本趨勢，但市場波動往往過大，如果我們能更掌握次級趨勢，在交易上就會更為主動，而 MACD 指標無疑是符合這個需要的。

　　本章中，我們在介紹 MACD 指標原理的基礎上，來看看如何利用它的各種型態，來掌握趨勢運行及中短期買賣時機。

　　在趨勢運行十分明朗的情況下，移動平均線的多空排列型態可呈現趨勢。但在盤整行情中，均線就顯得不夠完備了，它往往會發出虛假訊號。為了彌補移動平均線的這種缺點，指數平滑異同平均線（Moving Average Convergence and Divergence，MACD）應運而

生。它建立在移動平均線的基礎之上，既適用於對升勢與跌勢的分析，也適用於盤整行情，是一個較為經典的中短線技術指標。本節中，我們就來看看MACD的用法。

6.1.1　MACD 指標的原理

MACD 指標由查拉爾德‧阿佩爾（Gerald Appel）創造。經由研究均線型態的變化，阿佩爾發現短期的移動平均線與中長期的移動平均線，呈現出一種相互聚合、相互分離的特性。

這種特性是指：在一波上漲走勢（或一波下跌走勢）中，因多方力量（或空方力量）的快速釋放，使得上漲（或下跌）加速，從而促使短期均線遠離中長期均線，這是均線之間的「排斥」特性；但隨著漲勢（或跌勢）的放緩，短期均線會有再度靠攏中長期均線的傾向，這是均線之間的「吸引」特性。

綜合來看，這就是均線系統的「分離—聚合—再分離」的特性，或者我們稱之為均線系統的「發散—收斂」特性。

MACD 指標經由計算，得出兩條移動平均線之間的差異——差離值（DIFF），可清楚呈現均線之間的距離。**投資人可以利用均線系統的「發散—收斂」特性，來作為研判價格波動的根據**。

6.1.2　MACD 的計算方法

在 MACD 指標的窗口中，有兩條指標線：DIFF 線與 DEA線。DIFF 線也稱為差離值曲線，它是快速平滑移動平均線（EMA1）和慢速平滑移動平均線（EMA2）的差值，DIFF 的數值大小代表 EMA1 和 EMA2 之間的距離大小。DEA 是 DIFF 的移動

平均曲線，其作用主要是對 DIFF 線進行平滑處理。

一般來說，EMA1 的週期為 12 日，EMA2 的週期為 26 日，DIFF 的移動平滑週期為 9 日。在 MACD 指標視窗中，可以將其表示為：MACD（26，12，9）。

除此之外，MACD 還有一個輔助指標──柱狀線（BAR），BAR 值是 DIFF 與 DEA 差值的 2 倍，它將 DIFF 線與 DEA 線的分離及聚合的情況立體化、形象化。

柱狀線是有顏色的，在低於零軸以下是綠色，高於零軸以上是紅色。綠色柱線越長表示賣盤越強，紅色柱線越長則表示買盤越強。經由柱狀線的變化，可以清楚看到 DIFF 線與 DEA 線之間的位置關係，也可以及時瞭解買賣盤力量的轉變。

MACD（26，12，9）指標的計算過程如下。
1. EMA（12）
   ＝前一日 EMA（12）×11/13＋今日收盤價×2/13，EMA（26）
   ＝前一日 EMA（26）×25/27＋今日收盤價×2/27
2. DIFF＝今日 EMA（12）－今日 EMA（26）
3. DEA＝前一日 DEA×8/10 ＋ 今日 DIFF×2/10
4. MACD＝（當日 DIFF－昨日 DIFF）×0.2＋昨日 MACD
5. 柱狀值 BAR＝2×（DIFF－DEA），這一數值也是所求出的 MACD 值。

圖 6-1 為 MACD 指標構成示意圖，在 MACD 指標視窗中有兩條指標線，在不做特殊說明的情況下，它們均可統稱為 MACD 指標線。其中，波動較靈敏的為 DIFF 線，波動相對平緩的為 DEA 線。

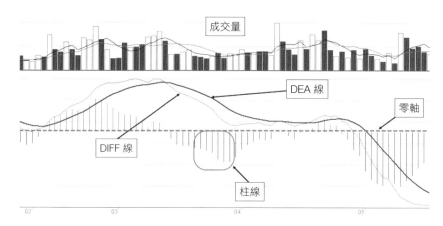

▲ 圖 6-1　MACD 指標構成示意圖

6.2 　用零軸位置來判斷趨勢走向

　　牛市是一個持倉成本不斷升高的運行過程，熊市是一個持倉成本不斷下降的運行過程，這表現在均線系統排列方式與趨勢運行的對應組合上，就是短期均線與中長期均線的位置關係。MACD 指標線與零軸之間的位置關係，可以很清楚地呈現這一情況，進而幫助我們辨識基本趨勢的前進方向。

6.2.1 　位於零軸之下時處於熊市

　　市場處於熊市時，移動平均線系統在跌勢加速時呈空頭排列，而在盤整震盪時呈纏繞狀態。對於這兩種狀態來說，短期均線一般位於中長期均線下方，這種位置關係會使 MACD 指標的數值，在絕大多數時間內小於 0，即指標線位於零軸下方。

　　MACD 指標線持續、長久位於零軸下方，是對跌勢的直觀反映。反過來，透過指標線位於零軸下方這種型態，我們更能確實辨識熊市運行格局。

　　圖 6-2 為五礦發展 2017 年 9 月至 2019 年 1 月走勢圖，我們可以看到 MACD 指標線一直位於零軸下方。期間雖有指標線短暫躍

居於零軸上方的情形，但這只是其短促反彈的表現，並不是多空力量整體對比格局改變的標誌。這種位置關係也反映了熊市格局的延續，只要這種情形未發生明顯變化，投資人就不宜過早抄底入場。

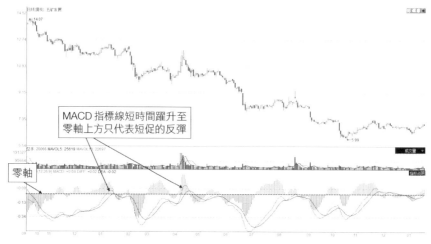

▲ 圖 6-2　五礦發展 2017 年 9 月至 2019 年 1 月走勢圖

6.2.2　位於零軸之上時處於牛市

當市場處於牛市時，移動平均線系統在漲勢加速時呈多頭排列，而在盤整震盪時呈纏繞狀態。對於這兩種狀態來說，短期均線一般位於中長期均線上方，這種位置關係會使 MACD 指標的數值，大多處於大於零的狀態，即指標線位於零軸上方。MACD 指標線持續、長久於零軸上方，是對漲勢的直觀反映。反之，透過指標線位於零軸上方這種型態，我們也更能識別牛市運行格局。

圖 6-3 為恒瑞醫藥 2016 年 6 月至 2017 年 12 月走勢圖，在此股價格長達一年多的上漲走勢中，雖然期間多次出現橫向整理或回檔

波段，但MACD指標線始終穩健地站於零軸之上。這是多方力量整體佔優勢的展現，也是MACD指標對升勢的反映。

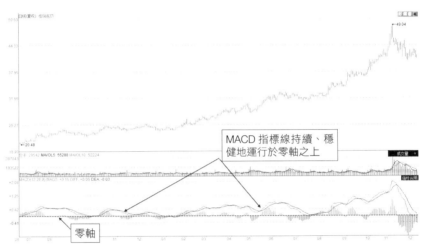

MACD指標線持續、穩健地運行於零軸之上

零軸

▲ 圖6-3　恒瑞醫藥2016年6月至2017年12月走勢圖

6.2.3　向上靠攏零軸，空方力量減弱

MACD指標線與零軸的位置關係，可以反映多空雙方的力量強弱，在升勢（或跌勢）中，指標線持續與零軸保持一定距離，這是多方（或空方）力量較為充足的標誌。一旦這種距離關係出現明顯變化，就是多方（或空方）力量開始變弱的訊號。在結合價格整體運行的基礎上，指標線與零軸之間距離上的明顯變化，可以幫助我們掌握築頂（或築底）階段。

圖6-4為安信信託2018年4月至2019年2月走勢圖，在此股價格持續下跌過程中，指標線大多位於零軸下方較遠的位置點，即使因股價短期反彈而使得指標線向上靠攏零軸，但持續的時間很

短。隨著跌幅的擴大及低位區的止跌，在圖中標注的時間段內，此時 MACD 指標線雖然仍位於零軸下方，但與零軸之間的距離卻很近。

指標線由位於零軸下方較遠的位置向上靠攏零軸，且能夠長時間保持這種近距離狀態，是空方力量明顯減弱的標誌。結合此股價格同期震盪止跌的走勢特徵及所處位置區間，我們可以判定此股當前處於築底階段的機率較大。中長線操作上，投資人可以適當地買股佈局。

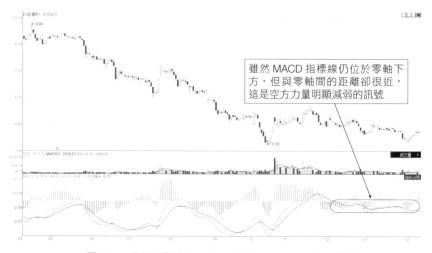

雖然 MACD 指標線仍位於零軸下方，但與零軸間的距離卻很近，這是空方力量明顯減弱的訊號

▲ 圖 6-4　安信信託 2018 年 4 月至 2019 年 2 月走勢圖

6.2.4　向下靠攏零軸，趨勢即將往下

指標線由位於零軸上方較遠的位置向下靠攏零軸，且能夠長時間保持這種近距離狀態，是空方力量明顯增強、長時間佔據主動的標誌。結合個股價格同期震盪回落，或滯漲的走勢特徵及所處位置

區間，投資人應注意規避趨勢轉向下行的風險。

　　圖 6-5 為凱盛科技 2018 年 12 月至 2019 年 5 月走勢圖，此股價格經歷大幅上漲後，進入中長期高位區。隨著價格走勢滯漲，可以看到 MACD 指標線向下大幅回落，並持久處於靠攏零軸的狀態，這是趨勢或將向下的訊號。

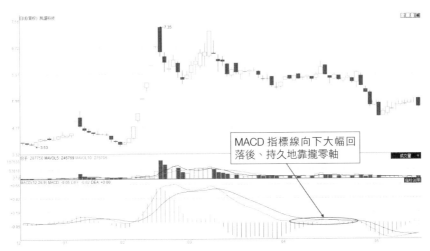

MACD 指標線向下大幅回落後、持久地靠攏零軸

▲ 圖 6-5　凱盛科技 2018 年 12 月至 2019 年 5 月走勢圖

6.3　須特別注意的背離反轉訊號

　　背離，是技術指標領域中的一種特殊實戰用法，它主要是指價格運行方向與指標線運行方向出現明顯的逆反。背離型態常出現在股價運行的極端位置點，如股價持續上漲後的高點，或者是持續下跌後的低點。

　　一般來說，背離型態出現不一定代表價格走勢轉向，但在結合股價當前位置的基礎上，它往往預示價格沿原有方向運行的動力在減弱，是值得關注的反轉訊號之一。本節中，我們將結合股價運動特點，來看看 MACD 指標的背離用法。

6.3.1　中長期的底背離反轉訊號

　　在中長期的低位區，個股價格的下跌節奏放緩。雖然同期的價格走勢仍在震盪下行、創出新低，但同期的 MACD 指標線卻持續上行，與價格走勢方向正好相反，形成背離。

　　當這種背離型態出現在中長期低位區，且個股無明顯利空消息時，大多意味個股已處於中長期超賣狀態，趨勢運行有望迎來反轉。一般來說，當底背離出現後投資人不宜過早抄底入場，可以

等到 MACD 指標線靠攏零軸，且股價再度創出新低時，再擇機買
入。

圖 6-6 為康躍科技 2018 年 3 月至 2019 年 4 月走勢圖，此股價
格在中長期低位區震盪下降，同期的 MACD 指標線卻節節攀升，
價格走勢與 MACD 指標線的運行方向呈現背離。結合股價的位置
區間來看，這是預示底部將出現、趨勢將反轉上行的訊號。

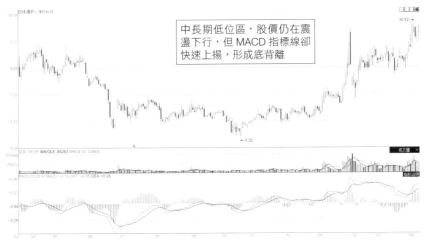

▲ 圖 6-6　康躍科技 2018 年 3 月至 2019 年 4 月走勢圖

6.3.2　中長期的頂背離反轉訊號

當個股價格累計漲幅較大、處於明顯高位區時，此時股價雖
然仍在震盪上揚、創出新高，但 MACD 指標線卻由零軸上方較遠
的位置點持續下行、靠攏於零軸，這就是 MACD 指標的頂背離型
態。

我們研判頂背離時，要結合股價的累計漲幅及股價的趨勢。

如果股價整體漲幅並非巨大，且 MACD 指標線始終運行於零軸上方，則這種頂背離並非趨勢見頂的訊號，最多只能預示中短期的調整。

圖 6-7 為麗珠集團 2017 年 8 月至 2018 年 4 月走勢圖，此股價格在高位出現長期橫向震盪，雖然震盪期間股價再創新高，但同期的 MACD 指標線卻不斷下行。此屬於頂背離型態，預示多方力量開始整體轉弱，是頂部將出現、趨勢將反轉下行的訊號，持股者宜逢高賣出，規避趨勢轉向後股價破位下行的風險。

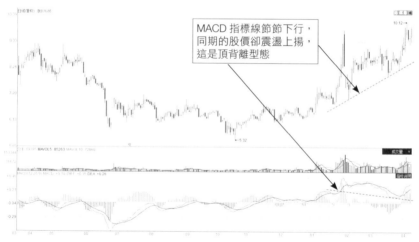

MACD 指標線節節下行，同期的股價卻震盪上揚，這是頂背離型態

▲ 圖 6-7　麗珠集團 2017 年 8 月至 2018 年 4 月走勢圖

6.3.3　衝高鈍化型態，股價即將下跌

衝高鈍化，是一種預示中期價格走向的 MACD 指標型態，它有特定的組合特徵：首先是股價的一波上揚，創出階段性新高，這一波上揚走勢或急或緩，並使 MACD 指標線同步上揚。隨後，價

格走勢出現整理或小幅度回檔，MACD 指標線也同步回落。

最後，股價重拾升勢且再度創出新高，但同期的 MACD 指標線卻僅小幅上揚，指標值遠遠低於第一波上揚時的值，這就是 MACD 指標在價格創新高走勢中的鈍化。這種組合型態的出現，表示中短期內的多方推升力量已明顯減弱，是中期轉向的訊號。

圖 6-8 為晨鳴紙業 2018 年 12 月至 2019 年 4 月走勢圖，在此股價格的兩波明顯上揚走勢中，第二波上揚走勢雖然形成突破之勢，但同期的 MACD 指標值卻大幅下降。這是 MACD 指標對價格走勢的一種鈍化，也是中短期內多方力量明顯減弱的標誌之一，持股者此時應注意規避價格中期轉向下的風險。

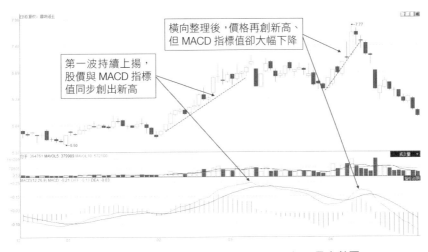

▲ 圖 6-8　晨鳴紙業 2018 年 12 月至 2019 年 4 月走勢圖

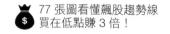

6.3.4 探低扭轉型態，股價有望上漲

探低扭轉中期轉升與衝高鈍化中期轉跌，這兩種型態正好完全相反。首先是股價的一波下跌，創出階段性新低，這一波下跌走勢或急或緩，並使 MACD 指標線同步下降。隨後，價格走勢出現整理或小幅度反彈，MACD 指標線也同步回升。

最後，股價再度出現破位下行、創出新低，但同期的 MACD 指標線卻僅僅小幅回落，指標值遠遠高於第一波下跌時的值。這就是 MACD 指標在價格創新低走勢中提前出現扭轉回升，也是中短期內的空方力量已明顯減弱、價格走勢有望迎來中級上漲的訊號。

圖 6-9 為創維數字 2017 年 11 月至 2018 年 4 月走勢圖，此股價格在持續下跌後的低位區，又出現一波下跌。此時的 MACD 指標線也同步下探，這表示空方力量依舊較強、佔據主動。隨後，價格走勢開始橫向整理、止跌，同期的 MACD 指標線開始回升。再隨

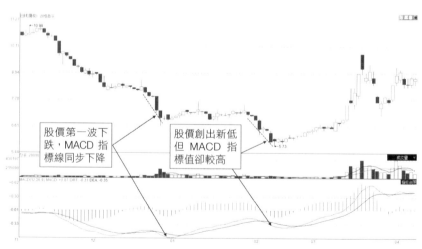

▲ 圖 6-9　創維數字 2017 年 11 月至 2018 年 4 月走勢圖

後，股價再度破位下行、短線跌幅較大，但此波下跌僅使 MACD 指標線小幅回落，指標值遠高於前一波下跌時的狀態。

　　這就是股價兩波持續下跌背景下，MACD 指標提前扭轉回升的型態。此型態標誌著空方拋售雖然使股價再度創新低，但空方力量有轉弱的傾向，是中期價格走向有望有回升的訊號，也是投資人中線買股入場的訊號之一。

6.4　MACD 的短期買賣點訊號

　　MACD 指標除了可以對價格走勢中長期轉向發出訊號外，還可以有效提示短期買賣點，特別是在股價短期劇烈、大幅波動的時候。MACD 指標的柱狀線變化、兩條指標線的交叉關係，可以及時反映當前多空力量的變化情況。再結合股價的短期波動，我們就可以利用這些型態來指導交易。

6.4.1　急速下跌後，綠柱線收縮時

　　MACD 的柱線所反映的是兩根均線的位置關係及距離。當短期均線運行於中期均線上方，DIFF 線也運行於 DEA 線上方時，柱線的數值大於 0，柱線位於零軸上方。此時的柱線一般用紅色表示，代表當前多方力量佔優勢、買盤佔據主動。

　　當短期均線運行於中期均線下方，DIFF 線也運行於 DEA 線下方時，柱線的數值小於 0，柱線位於零軸下方。此時的柱線一般用綠色表示，代表當前空方力量佔優勢、賣盤佔據主動。

　　DIFF 線與 DEA 線的位置關係至關重要。當 DIFF 線運行於 DEA 線下方且向下遠離 DEA 線時，綠色柱狀線不斷變長，這表示

空方力量正不斷增強，同時賣盤的湧出也使個股價格快速下跌。此時，一旦綠柱線開始連續多日收縮，則標誌空方力量在減弱，由於個股價格短期跌幅較大，因而有望在當前市場處於超賣的狀態下，迎來反彈行情。

　　圖 6-10 為珠海港 2017 年 12 月至 2018 年 3 月走勢圖，此股在價格短期快速下跌過程中，出現綠柱線快速伸長的變化，這是空方力量不斷增強的標誌。但隨著股價短期跌幅加大，綠柱線出現連續多日收縮，這種變化是空方力量開始減弱的標誌。結合股價短期的巨大跌幅及此股無利空消息的情形來看，技術面與基本面均支援反彈行情的出現。

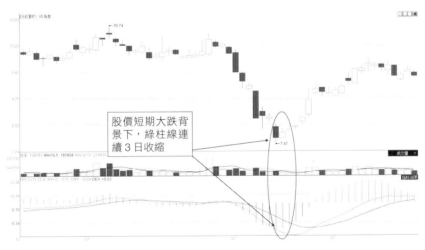

股價短期大跌背景下，綠柱線連續 3 日收縮

▲ 圖 6-10　珠海港 2017 年 12 月至 2018 年 3 月走勢圖

6.4.2　急速上漲後，紅柱線收縮時

當 DIFF 線運行於 DEA 線上方，且向上遠離 DEA 線時，紅色柱狀線不斷變長。這表示多方力量正不斷增強，同時買盤的積極入場也使價格走勢持續上揚。此時，一旦出現紅柱線連續多日收縮，則標誌多方力量開始減弱。由於個股價格短期漲幅較大，因此，在獲利盤拋售與買盤入場力度減弱的情形下，價格走勢或將出現明顯回落。

圖 6-11 為東方創業 2019 年 1 月至 5 月走勢圖，在個股價格短期漲幅較大的位置點，出現紅柱線連續多日收縮的型態。這是多方上攻力量減弱、短線見頂的訊號之一，持股者此時宜減倉或清倉，以規避股價短期大幅回落的風險。

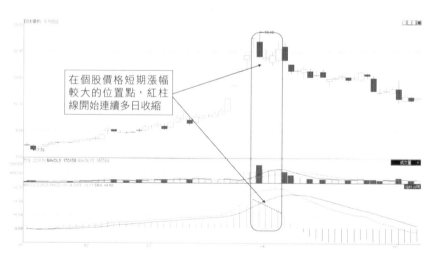

在個股價格短期漲幅較大的位置點，紅柱線開始連續多日收縮

▲ 圖 6-11　東方創業 2019 年 1 月至 5 月走勢圖

6.4.3　指標低位區二度黃金交叉，短線買入訊號

　　MACD 指標的黃金交叉型態，常被視作短期內多方力量轉強的訊號之一，它是指相對靈敏的 DIFF 線，由下向上與相對平緩的 DEA 線相交叉。這是一種常見的交叉型態，如果不結合價格走勢特點加以運用，投資人很有可能陷入短線追漲被套的不利局面。

　　在實盤運用中，指標低位區的二度黃金交叉，是一種相對可靠的價格走勢中期轉向上行訊號。它的型態特徵包括：在指標的低位區，此時的個股價格也處於中短期低點，出現 MACD 指標第一次黃金交叉型態。隨後股價再度走低，MACD 指標線仍舊處於遠離零軸的位置點。此時，如果再度出現 MACD 指標的黃金交叉型態，則表示多方力量已得到一定積蓄，個股有望迎來超跌反彈行情，是投資人中短線入場的訊號之一。

　　圖 6-12 為天夏智慧 2018 年 11 月至 2019 年 3 月走勢圖，股價

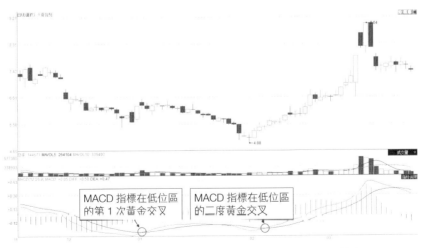

▲ 圖 6-12　天夏智慧 2018 年 11 月至 2019 年 3 月走勢圖

在低位區出現震盪。此時的 MACD 指標線則在相對低點，出現二度黃金交叉的型態。此型態出現後，表示市場當前處於明顯的超賣狀態，且多方力量開始明顯增強，中級反彈行情有望展開。此時投資人可適當參與，買股佈局。

6.4.4　指標高位區二度死亡交叉，短線賣出訊號

MACD 指標高位區的二度死亡交叉，是一種相對可靠的價格走勢中期轉向下行訊號，它的型態特徵包括：在指標的高位區，此時個股價格也處於中短期高點，出現 MACD 指標第一次死亡交叉型態。隨後股價再度走高，MACD 指標線仍舊處於遠離零軸的位置點。

此時，如果再度出現 MACD 指標的死亡交叉型態，則表示空方力量已得到一定積蓄，中級下跌走勢有望出現，是持股者中短線離場的訊號之一。

圖 6-13 為太鋼不鏽 2017 年 11 月至 2018 年 3 月走勢圖，此股價格在兩波震盪上行中，MACD 指標線一直運行於遠離零軸的上方位置區。這時出現的指標二度死亡交叉型態，是空方力量顯著增強、市場中短期內處於超買狀態的標誌，預示隨後出現中級調整行情的機率較大。此時持股者宜賣股離場、規避風險。

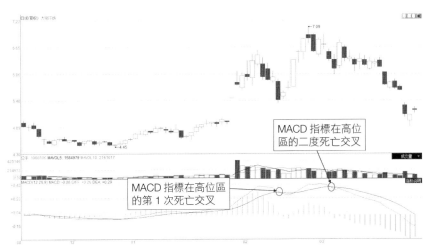

▲ 圖 6-13　太鋼不鏽 2017 年 11 月至 2018 年 3 月走勢圖

國家圖書館出版品預行編目（CIP）資料

77張圖看懂飆股趨勢線，買在低點賺 3 倍！：學美國投資大師如何用「道氏理論」，搭上特斯拉、AI、超導體……未來大漲的股票！／楊金著. -- 新北市：大樂文化有限公司，2023.10

192 面；17×23 公分

ISBN 978-626-7148-80-8（平裝）
1. 股票投資　2. 投資技術　3. 投資分析
563.53　　　　　　　　　　　　　　　　112013869

Money 063

77 張圖看懂飆股趨勢線，買在低點賺 3 倍！

學美國投資大師如何用「道氏理論」，
搭上特斯拉、AI、超導體……未來大漲的股票！

作　　　者／楊　金
封面設計／蕭壽佳
內頁排版／王信中
責任編輯／林育如
主　　編／皮海屏
發行專員／張紜蓁
發行主任／鄭羽希
財務經理／陳碧蘭
發行經理／高世權
總編輯、總經理／蔡連壽
出 版 者／大樂文化有限公司（優渥誌）
　　　　　　地址：220新北市板橋區文化路一段 268 號 18 樓之一
　　　　　　電話：（02）2258-3656
　　　　　　傳真：（02）2258-3660
詢問購書相關資訊請洽：2258-3656
郵政劃撥帳號／50211045　戶名／大樂文化有限公司

香港發行／豐達出版發行有限公司
地址：香港柴灣永泰道 70 號柴灣工業城 2 期 1805 室
電話：852-2172 6513　傳真：852-2172 4355

法律顧問／第一國際法律事務所余淑杏律師
印　　刷／韋楙實業有限公司

出版日期／2023 年 10 月 23 日
定　　價／280 元（缺頁或損毀的書，請寄回更換）
I S B N／978-626-7148-80-8